## Elogios ao Livro

"O conhecimento especializado e o entusiasmo prático de Madame Pamita pela magia das velas brilham intensamente neste livro. Com inteligência e visão única, ela incentiva a todos nós, novatos e adeptos, a inflamar nossa vida mágica."

— **Chas Bogan**, autor de *The Secret Keys of Conjure*

"Possivelmente o livro mais completo e direto sobre a magia das velas já escrito."

— **Storm Faerywolf**, autor de *Betwixt & Between and Forbidden Mysteries of Faery Witchcraft*

"O livro mais claro, abrangente e completo que já encontrei sobre magia com velas. Destinado a se tornar uma obra de referência sobre a prática... Não tenho palavras suficiente para recomendar este livro!"

— **Jason Mankey**, autor de *Witch's Wheel of the Year*

"Madame Pamita é a expert no assunto... Pela primeira vez ela colocou todos os anos de sua experiência e conhecimento em um único guia, abrangente e acessível, que certamente dará a todos os seus feitiços de velas resultados incríveis, além de sua imaginação."

— **Mat Auryn**, autor de *Bruxa Psíquica*
(Editora Nova Senda)

"Ensinar com simplicidade e profundidade não é um feito fácil, Madame Pamita ilumina o caminho da magia das velas tanto para os novatos quanto para os praticantes experientes."

— **Christopher Penczak**, autor de *The Temple of Witchcraft series*

"Se você tiver dúvidas sobre a magia das velas, Madame Pamita tem todas as respostas."

— **Theresa Reed**, autora de *The Tarot Coloring Book*

"*O Livro da Magia das Velas* é um tesouro de informações, um guia completo com algo para todos, de Bruxas a praticantes experientes."

— **Pleasant Gehman**, autora de *Walking the Tarot Path*

"*O Livro da Magia das Velas* me faz sentir que estou trocando feitiços e segredos com uma irmã Bruxa de longa data. Esta é a cartilha e o livro de referência que toda Bruxa de vela precisa ter em mãos."

— **Jacki Smith**, autora de *Coventry Magic with Candles, Oils and Herbs*

"Madame Pamita forneceu um amplo, útil e bem pensado 'bufê literário' de maneiras e meios para o novato e adepto do trabalho com velas."

— **Orion Foxwood**, autor de *The Candle & the Crossroads*

"Além de tornar a arte da magia das velas acessível, divertida e atraente, este livro também fornece muitas informações para os leitores aprofundarem sua própria prática."

— **Gabriela Herstik**, autora de *Bewitching the Elements*

"*O Livro da Magia das Velas* é mais do que um livro, é um recurso para toda magia!"

— **Phoenix LeFae**, autora de *What is Remembered Lives*

"Madame Pamita escreveu uma enciclopédia abarrotada de tudo que você precisa saber sobre a magia das velas... Definitivamente, um livro para quem quer saber como usar velas em suas práticas mágicas!"

— **Najah Lightfoot**, autora de *Good Juju*

"Dê-me um livro mágico que presuma que eu não sei nada. Dê-me um livro mágico que me dê as ferramentas de que preciso para sobreviver. Dê-me a confiança para seguir em frente com um feitiço quando eu estiver com um pouco de medo... Dê-me Madame Pamita, por favor!"

— **Melissa Cynova**, autora de *Kitchen Table Magic*

"Este livro tem algo para todos, desde o novato ao queimador de velas experiente. Há décadas que acendo velas e aqui aprendi alguns truques novos que não conhecia! Madame Pamita se superou. Isso se tornará uma ótima ferramenta de aprendizagem."

— **Starr Casas**, autora de *Old Style Conjure*

"Desde os trabalhos icônicos de Buckland sobre magia de velas, nenhum livro esteve tão equilibrado para se tornar a referência consumada que define este assunto vital."

— **Katrina Rasbold**, autora de *The Sacred Art of Brujeria*

"Este é o grimório que você estava procurando para colocar em seu altar e guardar como tesouro por toda a sua vida."

— **Elhoim Leafar**, autor de *The Magical Art of Crafting Charm Bags*

Madame Pamita

# O LIVRO DA MAGIA DAS VELAS

### RITUAIS E FEITIÇOS DE MAGIA COM VELAS

O LIVRO DA MAGIA DAS VELAS
Traduzido de: *The Book of Candle Magic: Candle Spell Secrets to Change Your Life*
Direitos autorais © 2020 Madame Pamita | Publicado por Llewellyn Publications
Woodbury, MN 55125 EUA | www.llewellyn.com
© 2022 Editora Nova Senda

Tradução: Renan Papale
Revisão: Luciana Papale
Diagramação: Décio Lopes
Ilustrações: Wen Hsu

**DADOS INTERNACIONAIS DE CATALOGAÇÃO NA PUBLICAÇÃO (CIP)**
Angélica Ilacqua CRB-8/7057

Madame Pamita

O livro da magia das velas: rituais e feitiços de magia com velas / Madame Pamita; Tradução de Renan Papale. 4ª impressão. São Paulo. Editora Nova Senda, 2025.
272 páginas: il.

ISBN 978-65-87720-10-4
Título original: The Book of Candle Magic: Candle Spell Secrets to Change Your Life

1. Magia  2. Velas e luzes  I. Título

22-0725                             CDD 133.43

Índices para catálogo sistemático:

1. Magia

Proibida a reprodução total ou parcial desta obra, de qualquer forma ou por qualquer meio, seja eletrônico ou mecânico, inclusive por meio de processos xerográficos, incluindo ainda o uso da internet sem a permissão expressa da Editora Nova Senda, na pessoa de seu editor (Lei nº 9.610, de 19/02/1998).

Direitos de publicação no Brasil reservados para Editora Nova Senda.

EDITORA NOVA SENDA
Rua Jaboticabal, 698 – Vila Bertioga – São Paulo/SP
CEP 03188-001 | Tel. 11 2609-5787
contato@novasenda.com.br | www.novasenda.com.br

Alguns itens citados no livro como algumas ervas, velas e acessórios podem não ser de conhecimento comum e, caso queiram tirar alguma dúvida ou descobrir mais sobre eles, recomendamos uma visita ao site da autora, onde ela mantém uma loja virtual.

Entendemos que temos disponível no Brasil o necessário para colocar em prática todos os ensinamentos mágicos apresentados no livro.

Caso não encontre algum item em sua região, não se preocupe, tudo pode ser adaptado, use as ervas que você conhece, utilize outro tipo de vela que tenha características semelhantes ou faça sua própria vela, como a autora nos ensina no livro. Use seu instinto mágico, as energias estão à nossa volta, aproveite-as!

Saiba mais em: www.parlourofwonders.com

# Agradecimentos

Escrever um livro é como se reunir com um Coven e lançar um feitiço. É necessário ter a energia de todos para fazer a mágica acontecer. A magia deste livro não teria sido possível sem todas as pessoas que ajudaram a trazê-lo à existência.

Em primeiro lugar, gostaria de agradecer à minha família Llewellyn, especialmente a Elysia Gallo, que sempre trouxe sua positividade e natureza feliz e fácil para o projeto. Obrigada por me dar a orientação sábia e estrelas douradas ao longo do caminho, que me mantiveram firme até a linha de chegada, algo que eu nunca poderia ter feito sem você (e um prazo). Ouvir você me dizendo: "Isso é bom!" me dá a mesma sensação de ganhar o Prêmio Pulitzer!

Em seguida, gostaria de agradecer à minha incrível equipe no *Parlor of Wonders*: os pilares centrais, Marléne (e Cliché), Bridget e Íris, todos vocês se mantiveram juntos enquanto eu estava trancada como uma eremita em meu quarto com meu laptop. E também à equipe estendida, Judy, Chelsea e Romie, que mantiveram a energia com seu amor e apoio.

Para meu grupo *Magical Mastermind*: Jim, Melinda, Ruth, Lacreya e Janine. Vocês me ouviram reclamar duas vezes por mês: "Eu não consigo fazer nada! Estou escrevendo um livro!" Vocês riram comigo, ouviram eu me queixar e foram meus irmãos mágicos, me dando o apoio necessário durante esta jornada emocionante. Mal posso esperar para ver todos os livros de vocês!

Obrigada à minha mentora e inspiradora, Judika Illes. Há muito tempo, você me perguntou do nada: "Você está escrevendo um livro?" e isso fez a bola rolar. Você e seu legado de livros incríveis sobre magia foram e sempre serão uma grande inspiração para mim! Eu quero ser você quando crescer! (É melhor eu tirar minha bunda do sofá e escrever mais!)

Também quero agradecer ao incrível grupo de praticantes e entusiastas de magia, que tenho a sorte de chamar de meu *Spell Squad* (Grupo de feitiço). Vocês e suas sedes de saber mais sobre magia são a verdadeira razão da existência deste livro. Suas perguntas durante as reuniões do clube on-line me fizeram notar que precisava haver um livro que não apenas fornecesse receitas de feitiços, mas que explicasse por que escolhemos uma vela vermelha e a acendemos durante a Lua crescente para trazer o amor para nossas vidas. Eu amo muito cada um de vocês! Não posso exagerar no quanto aprecio a curiosidade de todos e as perguntas brilhantes que trazem à mesa toda vez que nos reunimos.

Finalmente, todo o meu amor extra mágico e brilhante vai para meu parceiro, Manfred, e para meus filhos, Morgan e Miles. Obrigada por me deixarem ficar fora do gancho, dando espaço para eu escrever em cada trem e aeroporto enquanto viajávamos, ajudando com as tarefas e me deixando "explodir" a música *lounge* cafona dos anos de 1960, enquanto escrevia, pegando todas as vírgulas que faltavam, e por serem apenas esses humanos incríveis que tenho a sorte de ter em minha vida.

E um último agradecimento vai para Glinda, minha Gatinha Bruxa, que entrou em minha vida em sua bolha rosa enquanto este livro estava sendo escrito. Eu tenho tanta sorte de ter um bebê de pelo tão adorável e mágico como você!

# Prefácio

Pode ser muito trabalhoso seguir um caminho mágico, especialmente para quem está começando. A quantidade de informação, conhecimento, tradição e história pode ser impressionante. Toda aquela história de astrologia e numerologia para estudar e entender! Muitos cristais e ervas para conhecer! E as cores – o que cada tonalidade significa? Que cor de vela devo queimar? Só de contemplar tudo isso pode parecer paralisante.

Acho que é ainda pior agora do que quando Madame Pamita e eu éramos jovens Bruxas. A internet e as redes sociais trouxeram bênçãos e desafios. Por um lado, o mundo virtual é um canal perfeito para almas mágicas de todo o mundo com o intuito de localizar espíritos afins e aprender uns com os outros. Por outro lado, o grande volume de conhecimento, escolhas e "especialistas" encontrados na internet podem fazer com que alguém se sinta pressionado a também se tornar uma autoridade no assunto o mais rápido possível. Torna-se fácil ignorar um componente importante daquilo que fez com que tantos de nós se sentissem atraídos pelo oculto: a diversão.

Não apenas para crianças ou para momentos relaxantes, a diversão é, na verdade, uma parte crucial da prática mágica. Leia antigas transcrições de julgamentos de feitiçaria da Inquisição. Do que as alegadas "Bruxas" foram tantas vezes acusadas de fazer? De se divertirem. Durante uma época em que a Igreja e a sociedade convencional pregavam o ascetismo e a autoprivação como o caminho para o Paraíso, as Bruxas eram acusadas de dançar ao luar, festejar em vez de jejuar e realmente desfrutar do sexo. Entre os chamados sinais reveladores que identificam alguém como uma Bruxa, está a risada alta – a gargalhada da Bruxa infame. Mesmo atualmente muitas meninas são advertidas a não rir alto.

Um dos segredos do ocultismo é o significado da diversão. Mais do que um prazer passageiro, ele eleva sua energia mágica e estimula o crescimento de seu próprio poder pessoal. Sim, feitiços têm o potencial de salvá-lo de diversas situações terríveis. Eles podem ajudá-lo a realizar seus sonhos, repelir ameaças e transformar o que parece ser seu destino. Sim, Bruxaria é coisa séria e há muito o que aprender. No entanto, a diversão é uma parte intrínseca desse processo de aprendizagem. É muito mais fácil aprender a distinguir um cristal de outro se você brincar com eles, em vez de apenas tentar memorizá-los desesperadamente.

Isso me leva à Madame Pamita.

Às vezes você conhece alguém e imediatamente gosta dela, mas também pode acontecer de encontrar alguém pela primeira vez e sentir como se já se conhecessem antes, embora não se lembre de quando. Foi assim que meu caminho cruzou com o de Madame Pamita.

Tenho orgulho de ter boa memória. Tendo sido testemunha dos primeiros traços de demência no meu pai, agora estou extremamente vigilante em relação aos meus próprios processos mentais. Tenho lembranças muito distintas de conversas que Madame Pamita e eu tivemos no início de nossa amizade – ela estava a caminho de Findhorn e eu estava querendo ir para lá também –, porém, por mais que tentasse, eu não conseguia me lembrar do nosso primeiro encontro, a não ser nas redes sociais. Isso me frustrou quando comecei a escrever o prefácio deste livro maravilhoso. Então liguei para Madame Pamita para ver se ela conseguia refrescar minha memória. Suas lembranças eram tão confusas quanto as minhas. Ambas concordamos que quando nos "conhecemos", já éramos amigas.

Madame Pamita e eu nascemos nas duas pontas do dia 4 de julho. Unidas por nosso amor pela música e pela magia, assim como por nosso desejo de viajar, nossa amizade pessoal acabou se tornando um relacionamento profissional: tive a bênção de revisar seu livro maravilhoso, *Madame Pamita's Magical Tarot: Using the Cards to Make Your Dreams Come True* e sou muito grata, abençoada e honrada por participar deste livro também.

Se você já leu o trabalho dela, assistiu suas aulas ou se divertiu com sua música, então também experimentou a magia profunda de Madame Pamita. Para os recém-chegados, será um prazer. Deixe-me apresentar a minha querida amiga Madame Pamita, uma verdadeira mestra da magia. Não apenas dos fatos e da teoria, embora ela seja definitivamente uma mestra nisso também, mas da alegria e da diversão inerentes à magia. Se estes fatores estão em falta em sua vida, deixe Madame Pamita reacender sua chama.

Madame Pamita não é somente boa em uma única coisa, ela também é uma adepta bem versada e altamente hábil em vários aspectos do ocultismo, desde a adivinhação até o lançamento de feitiços, especialmente na magia com velas. Se nunca viu as velas que Madame Pamita desenha e fabrica, sugiro dar uma olhada. (Se nunca a ouviu cantar, deve ouvir também, mas isso é história para outra hora.) Madame Pamita é um repositório pessoal de segredos mágicos de velas, que ela tão generosamente compartilha neste livro. Se você é novo neste tipo de magia, este livro é um ótimo lugar para começar – claro, lúcido, direto e, sim, divertido. Mesmo se já for um mestre com as velas, você vai descobrir novos feitiços e perspectivas neste livro excepcionalmente completo.

Judika Illes, autora de *Encyclopedia of 5000 Spells*
e outros livros dedicados à arte da magia.

# Sumário

Introdução. . . . . . . . . . . . . . . . . . . . . . . . . . . . . . . . . . . . .19

1. Seu Pacote Inicial de Velas Mágicas. . . . . . . . . . . . . . . . . . . . . . . . . . .23
   Por que vela mágica? . . . . . . . . . . . . . . . . . . . . . . . . . . . . . . . .23
   Posso realmente fazer magia com velas?. . . . . . . . . . . . . . . . . . . . .25
   A semente de toda magia . . . . . . . . . . . . . . . . . . . . . . . . . . . . . .25
   Seu código de ética mágico. . . . . . . . . . . . . . . . . . . . . . . . . . . . .28
   Um altar simples. . . . . . . . . . . . . . . . . . . . . . . . . . . . . . . . . . . .29
   Energizando uma vela . . . . . . . . . . . . . . . . . . . . . . . . . . . . . . . .30
   O básico de um feitiço de vela . . . . . . . . . . . . . . . . . . . . . . . . . . .32
   Um feitiço de vela pode ser um tiro pela culatra? . . . . . . . . . . . . . . . .34

2. Prática de Magia com Velas . . . . . . . . . . . . . . . . . . . . . . . . . . . . . .35
   Precauções ao realizar feitiços com velas . . . . . . . . . . . . . . . . . . . .35
   Tipos de velas . . . . . . . . . . . . . . . . . . . . . . . . . . . . . . . . . . . . .36
   Magia das cores. . . . . . . . . . . . . . . . . . . . . . . . . . . . . . . . . . . . .43
   O que há em seu kit de ferramentas de velas mágicas?. . . . . . . . . . .46

3. Palavras Mágicas. . . . . . . . . . . . . . . . . . . . . . . . . . . . . . . . . . . . .61
   Pré-escrevendo as palavras do feitiço perfeito. . . . . . . . . . . . . . . . .61
   Escrevendo seu documento de petição. . . . . . . . . . . . . . . . . . . . . .63
   Tipos de documentos de petição . . . . . . . . . . . . . . . . . . . . . . . . . .66
   Feitiços Falados. . . . . . . . . . . . . . . . . . . . . . . . . . . . . . . . . . . . .69
   Símbolos, selos e sigilos. . . . . . . . . . . . . . . . . . . . . . . . . . . . . . . .73

16 | O Livro da Magia das Velas

4. Personalize suas Velas de Feitiço .............................. 77
   Vestindo uma vela com óleo................................... 77
   Vestindo uma vela com ervas................................. 83
   Inscrever e decorar velas..................................... 85
   Carregando uma vela.......................................... 90

5. Planejando seu Feitiço........................................ 93
   Exemplo de plano de feitiço de reconciliação ................. 95
   Quando acendo minha vela de feitiço?......................... 96
   Trabalhando com fenômenos astrológicos...................... 98

6. Fazendo Velas Mágicas ...................................... 105
   Velas enroladas de cera de abelha .......................... 106
   Velas cônicas mergulhadas .................................. 108
   Velas cônicas enroladas com ervas .......................... 111
   Vela de vigília vestida...................................... 115
   Série de velas de vigília .................................... 119
   Velas espirituais e velas do altar ........................... 119
   Feitiços secretos ........................................... 120

7. A Magia Especial das Velas Figurativas...................... 123
   Simbolismo das velas figurativas ........................... 123
   Feitiços de vela flutuante................................... 131

8. Poder em Números .......................................... 133
   Acendendo múltiplas velas consecutivamente................. 133
   Acendendo múltiplas velas simultaneamente ................. 134
   Acendendo uma vela mestra com velas de suporte............. 134
   Vela de suporte para representar uma pessoa ................ 135
   Numerologia em feitiços de vela ............................ 136
   Feitiços de vários dias ..................................... 142

9. Layouts de Feitiços com Velas .............................. 151
   Formas e símbolos.......................................... 152
   Usando várias formas em layouts............................ 160
   Feitiços de vela em movimento ............................. 161

# Sumário | 17

10. O Gabinete de Curiosidades ............................... 165
    Velas de dupla ação ...................................... 165
    Lamparina a óleo ........................................ 170
    Potes de mel ............................................ 173
    Potes de vinagre ........................................ 177

11. Leitura da Vela .......................................... 181
    Ceromancia ou leitura de cera ........................... 183
    Ceromancia para velas em recipientes de vidro ........... 191
    Piromancia ou leitura de chamas ......................... 192
    Capnomancia ou leitura de fumaça ........................ 203

12. Adicionando um Toque Especial ........................... 207
    Altares ................................................. 207
    Ritual .................................................. 210

13. Terminei!
    O que acontece agora? ................................... 215
    Por quanto tempo deixo minha vela queimar? .............. 215
    O que fazer com suas velas restantes .................... 216
    Quanto tempo leva um feitiço para funcionar? ............ 219
    Mensagens ............................................... 219

14. Criando o seu Grimório ................................. 221
    O que é um Grimório? .................................... 221
    Os passos básicos de um feitiço de vela ................. 222
    O colapso do seu plano de feitiço ....................... 223

15. Tente Fazer um Feitiço de Vela .......................... 229

    Lista de Ervas Mágicas .................................. 231
    Lista das Pedras Mágicas ................................ 239
    Lista de Conchas Mágicas ................................ 243
    Lista de Talismãs Mágicos ............................... 249
    Lista de Símbolos ....................................... 255

    Índice Remissivo ........................................ 261

# Introdução

Estou tão feliz que estamos prestes a embarcar em uma aventura verdadeiramente mágica juntos. Eu tenho feito feitiços e ensinado magia com velas para outras pessoas por décadas e ainda acho que é uma das formas mais fascinantes, satisfatórias e eficazes de magia. Com apenas um pouco de pavio, cera e chama, você pode se conectar aos reinos espirituais e fazer mudanças positivas ilimitadas em sua vida, de maneiras que nunca sonhou ser possível.

Sempre digo aos meus alunos que um mago realmente hábil pode dobrar a estrutura do Universo apenas com seus pensamentos e sua vontade. Magia e manifestação se originam de nossa intenção focada. Essa intenção pura, por si só, pode produzir resultados milagrosos. No entanto, a maioria de nós precisa de apoio em nossa magia para neutralizar as forças que trabalham contra nós, ou seja, as dúvidas e medos que carregamos. É aí que os feitiços das velas brilham. Mesmo que não tenha total confiança em suas intenções, sua pequena chama manterá a energia positiva se movendo em direção ao seu objetivo.

Este livro é um guia completo para a magia com velas, e não apenas tem a intenção de orientá-lo a entender os princípios básicos para começar a fazer um feitiço hoje, como também vai ajudá-lo a aprofundar e a enriquecer seu trabalho. Comece e experimente um feitiço simples e tenho certeza de que vai se apaixonar pela magia da chama, assim como eu.

Não é necessário aprender feitiços grandes e complicados para fazer a mágica acontecer. Às vezes, mantê-lo simples e focado levará a resultados tão bons ou até melhores do que feitiços mais elaborados, como, por exemplo, uma magia de vela de múltiplos dias, que envolve várias velas diferentes, cuidadosamente dispostas em um pentagrama. No entanto, quanto mais opções souber usar, mais personalizações poderá fazer. Quando você tem o conhecimento para trazer mais elementos (como por exemplo, números, símbolos e cores), adquire a capacidade de fazer o trabalho de feitiço para abordar até mesmo os detalhes mais específicos de sua intenção.

Tão fácil quanto cozinhar um jantar congelado no micro-ondas! Praticamente qualquer pessoa que consiga riscar um fósforo pode acender uma vela de vigília preparada para um desejo. No entanto, se reservar um tempo para planejar um feitiço de seu próprio projeto, usar uma vela figural, enfeitá-la com óleos e ervas, escolher velas de suporte de uma cor adicional, com óleos diferentes, arrumá-las em um layout específico e se concentrar em seu trabalho ao longo de vários dias, vai adicionar muita energia ao seu feitiço e, provavelmente, vai criar um resultado mais poderoso e positivo. Cada um desses elementos adiciona um pequeno empurrão de apoio à sua intenção, e todos aqueles pequenos impulsos somam uma magia poderosa.

Meus clientes às vezes me dizem: "Eu preciso do seu feitiço mais forte", são nesses momentos que eu gentilmente os lembro de que não existe feitiço "forte" ou "fraco", mas, sim, aquele que é melhor para a sua situação. Uma única vela pode ser tudo que precisa para uma situação simples, mas se tiver um problema complicado que precisa ser resolvido ou se tiver muitos detalhes que gostaria de adicionar à sua intenção, um feitiço mais complexo trará resultados mais satisfatórios.

Neste livro você vai descobrir como realizar tanto trabalhos simples quanto complexos e também como decidir o que é melhor para a sua magia. Existem outras razões pelas quais você pode querer fazer um feitiço mais envolvente. Encantamentos com velas complexos podem ser mais bonitos e parecer mais mágicos, pois você se envolve mais em sua execução e, o mais importante, aprende sobre magia e como ela funciona fazendo trabalhos mais elaborados.

Voltando à nossa analogia com a comida, você poderia viver toda a sua vida comendo jantares feitos no micro-ondas (eu não recomendaria), mas aprender a cozinhar uma refeição preparada com amor e bem apresentada pode ser realmente satisfatório. Quando conseguir prepará-la sem seguir uma receita, então você se tornou um chef! Este livro foi elaborado para levá-lo ao nível de "chef". Sim, existem algumas receitas de feitiços aqui, mas são apenas exemplos, como assistir a um programa de gastronomia na TV. O que foi realmente projetado para ser feito aqui é conduzi-lo a um lugar onde você saiba o suficiente sobre a arte da magia das velas para que possa criar seu próprio feitiço, personalizar cada elemento com confiança, inventar suas próprias receitas e ver os resultados desse trabalho cair lindamente no seu lugar.

# 1

# Seu Pacote Inicial de Velas Mágicas

Antes de começar com a magia das velas, é útil refletir sobre o que realmente você quer fazer. Entender o motivo de querer fazer um feitiço de vela, saber distinguir o que é magia e o que não é, considerando cuidadosamente o seu próprio código de ética mágico, e ter um feitiço de vela básico em mãos vai ajudá-lo no seu caminho. É mais fácil do que pensa começar com um feitiço eficaz e focado.

## Por que vela mágica?

É hora de reivindicar seu direito de nascença de usar o fogo para criar uma mudança mágica em sua vida. Não, eu não estou falando sobre queimar prédios ou incendiar florestas (embora, sim, isso causaria algumas grandes mudanças). Estou falando sobre a magia das velas, a chave para a criação de rituais poderosos que impulsionam suas intenções em direção aos seus objetivos mágicos.

Hoje em dia, podemos acender um fósforo ou um isqueiro casualmente, sem pensar duas vezes, mas os antigos entendiam o poder incrível que acompanhava o controle do fogo. Controlar o fogo transformou os humanos de apenas mais uma espécie de animal selvagem em mestres de seu destino. Com o controle do fogo, veio o poder.

O próprio fogo é, inerentemente, mítico, mágico, e é mais antigo do que a própria história registra. Cada vez que se acende uma vela, há uma conexão com seus ancestrais mais antigos e sua profunda sabedoria sobre o poder místico do fogo. Feitiços com velas são realmente mágicos, porque nos ajudam a concentrar nossos desejos e também a nos comprometer com nosso encantamento, dando força à nossa intenção.

Na magia, muitas vezes gostamos de classificar as coisas em um dos quatro elementos: Ar, Fogo, Água, Terra e, às vezes, em um quinto elemento adicional, o Espírito. O elemento Fogo representa ação, vontade e criação e tem a capacidade de se alastrar por nossas vidas feito um incêndio florestal devastador ou nos aquecer suavemente como uma fogueira. O fogo cria mudanças.

Não é à toa que o fogo faz parte da magia há eras. Olhe para cada cultura e civilização primitiva e você encontrará o fogo em lendas e mitos. Ao longo da história e das culturas as velas são a nossa conexão com a pura essência da antiga força do fogo. Quando fazemos magia com velas, conectamo-nos ao nosso eu primordial mais profundo – nosso eu mágico.

Mas o fogo não é o único método de fazer magia. Então por que escolher a magia das velas em vez de queimar incenso, aplicar óleos, criar talismãs, costurar bonecos, fazer garrafas de feitiço, desenhar sigilos, entoar sortilégios ou preparar poções?

Acender uma vela com um propósito mágico é como lançar um míssil energético em direção ao seu objetivo. As velas têm força e poder, e resolvem tudo em um período de tempo limitado. Ao contrário de algo como um patuá que se pode carregar todos os dias por um ano ou mais, o feitiço de uma vela atinge o período de tempo presente, agora. Se houver algo que precisa manifestar rapidamente ou se precisar de alguma mudança imediata, um feitiço de vela vai empurrar as coisas com sua própria intensidade particular.

Outro fator especial sobre os feitiços de velas é que eles são infinitamente adaptáveis e podem ser usados para desejos e intenções e para convidar espíritos, ancestrais ou divindades em um ritual. Você pode personalizá-los de acordo com o seu nível de conhecimento mágico ou para as circunstâncias particulares de sua vida. Se está iniciando no trabalho com feitiços, pode fazer algo simples, mas muito eficaz, com uma única vela. Se quiser trazer muitos rituais e camadas de intenção para o seu feitiço, pode modificá-lo conforme manda seu coração.

Feitiços de velas também nos ajudam a manter o foco. Afinal, não se pode acender uma vela enquanto está distraído – dedos queimados vão lhe atestar isso. Se você tentou fazer outros tipos de feitiços (visualizações, por exemplo) e descobriu que não conseguia evitar que sua mente vagasse, os feitiços com velas o ajudarão a concentrar sua intenção em seu objetivo.

Trabalhar com velas nos dá a oportunidade de verificar o progresso de um feitiço. Ao ler como uma vela queima ou ler seus restos, podemos ver se há problemas em torno dos nossos desejos e se eles precisam de limpeza ou redirecionamento espiritual. Fazer um feitiço de vela é super mágico e divertido, você vai sentir o poder dentro de si todas as vezes que preparar seu ritual, falar as palavras estabelecidas e acender aquela vela com autoridade.

## Posso realmente fazer magia com velas?

Sim, pode. Você não precisa ser uma Alta Sacerdotisa ou um Alto Sacerdote, um Iniciado, feiticeiro profissional ou alguém que tenha uma tonelada de experiência para fazer uma magia com velas eficaz e obter resultados positivos. Embora aprender com mestres ou ser um aprendiz dedicado de um certo caminho espiritual tenha lá suas próprias recompensas, não é necessário isso para fazer magia com velas. Magia é o verdadeiro fortalecimento pessoal. Assim como acontece com a arte, você pode ir para a escola e fazer um mestrado ou ser um artista autodidata – ambos os caminhos levam à criação de belas artes.

## A semente de toda magia

Se você está pronto para ser um lançador de feitiços sério, vale a pena cultivar o que considero a semente de toda magia. Tudo criado pela humanidade neste Planeta, começou como um pensamento. Reflita sobre isso por um momento. Se você está sentado em uma cadeira enquanto lê isto, essa cadeira foi projetada por uma pessoa ou um grupo de pessoas que tiveram a ideia de sua aparência, dos materiais que seriam usados para fazê-la, de como ela seria fabricada e, posteriormente, de sua venda, o que permitiu que você usufruísse dela agora. A cadeira existe porque alguém teve a ideia de criá-la. O mesmo se aplica a todas as facetas de nossas vidas. Por meio da semente do pensamento, temos a capacidade de criar nossa vida como desejamos que ela seja. Você pode escolher se seus pensamentos são:

"Eu nunca vou ........................" ou "Eu vou ........................"

Você, ninguém mais, pode decidir. Quer acredite que nunca vai acontecer, quer acredite que é possível, estabeleça o curso para sua vida.

Para levar nossa analogia em outra direção, nossa vida é como um cavalo e uma carroça. Sentamos na carroça e nossos pensamentos são o cavalo. Podemos deixar nosso cavalo-pensamento correr da maneira que quiser, ou podemos assumir o controle da direção de nossa vida por meio das rédeas de nossa vontade. Se quiser levar sua carroça ao mercado, deve direcionar o cavalo em direção ao mercado. Se quiser atingir seu objetivo, deve usar sua vontade para direcionar seus pensamentos.

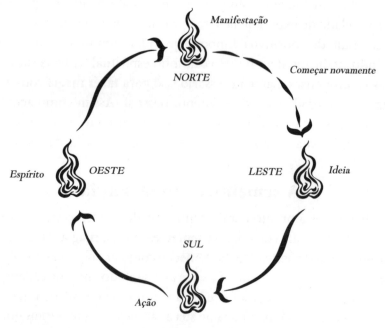

*Espiral de Manifestação*

Isso significa que devemos sempre ter pensamentos positivos perfeitos o tempo todo? Não exatamente. Não é tão importante se o cavalo der uma guinada para a esquerda ou para a direita de vez em quando, contanto que estejamos constantemente indo na direção correta. O mesmo se aplica aos nossos pensamentos. Se tivermos um momento de dúvida ou um pensamento negativo, isso realmente não vai afetar o resultado final se a maioria dos nossos pensamentos estiver focada no positivo. Esses pensamentos consistentes, a semente de toda magia, são o começo da manifestação de todas as nossas coisas boas e de uma vida como queremos que seja.

O processo de manifestação, na verdade, não é encontrado em nenhuma vela, erva ou talismã – o poder da magia vem da energia que começa dentro de você, como uma ideia que se estende por meio de palavras e ações, combina com o Espírito e se torna manifesto. Uma vez que tenhamos criado a manifestação, novas ideias nascem; junto das ações e cocriações do mundo espiritual, criamos ainda mais coisas.

Cada etapa é crítica, e um lançador de feitiços experiente e focado pode fazer mágica sem nenhuma ferramenta além de sua mente. Um mago com alguma consciência espiritual em seu currículo vai se concentrar de maneira clara e positiva em seus objetivos, falar palavras afirmativas sobre suas intenções, tomar medidas para permitir sincronicidades, fazer um trabalho mágico, confiar no Espírito para alinhar as circunstâncias e, em seguida, vai aguardar a culminação desses esforços. O problema é que a maioria de nós mantém um diálogo interno que pode soar mais ou menos assim:

"Quero um novo amor em minha vida...,
mas os que encontro só querem brincar."

"Eu não quero ficar sozinho...,
mas também não quero me acomodar."

"Eu posso encontrar meu verdadeiro amor...,
mas talvez seja tarde demais."

"Eu quero um amante...,
mas talvez eu deva permanecer solteiro."

Enquanto isso, nossas mentes giram como folhas em um redemoinho. As velas entram em tudo, até nos momentos em que perdemos nosso foco ou somos incapazes de manter nossa mente positiva no resultado final, sem deixar entrar sentimentos de dúvida ou descrença. Um feitiço de vela vai compensar a folga e manter a intenção original até que o objetivo seja manifestado.

Por si só, a vela é uma ferramenta neutra. Acender uma vela sem intenção vai produzir apenas um pouco de luz, pois a vela em si não contém magia. Como uma fita cassete em branco, você pode gravar sua intenção em uma vela e ela carregará essa energia para o Universo.

Antes de começar qualquer feitiço, primeiro verifique seus próprios pensamentos e crenças sobre seus objetivos. Eu recomendo fazer um diário para descobrir e resolver quaisquer dúvidas. No capítulo 4, você vai ver como escrever pode ajudar a limpar o lixo negativo e chegar à sólida crença positiva que será a base para o seu incrível trabalho mágico.

## Seu código de ética mágico

Antes de praticar qualquer magia, é essencial que você considere seu código de ética pessoal. Conforme aprende sobre magia com vários professores e fontes, diversas versões diferentes de ética podem ser lidas, muitas alegando que o código dever ser seguido ou consequências terríveis poderão ocorrer. No entanto, ninguém além de você pode decidir o que é certo para si mesmo.

Magia não é uma religião com um conjunto de regras e mandamentos. Você decide suas próprias regras. Por esse motivo, recomendo refletir sobre as questões abaixo antes de fazer qualquer trabalho de feitiço. Você certamente pode contemplá-las em meditação; no entanto, acho extremamente eficaz fazer um diário sobre isso, o que vai ajudar a esclarecer, focar os pensamentos e, conforme você cresce e se desenvolve como um lançador de feitiços, poder consultar seus escritos para ver se ainda mantém as mesmas crenças.

- Eu pertenço a uma religião ou a uma prática espiritual?
- O que minha religião ou prática ensina sobre ética?
- O que minha religião ou prática ensina sobre magia ou feitiços, se é que existe alguma coisa?
- Quais são os meus limites quanto a prejudicar os outros?
- Quais são meus padrões sobre como controlar os outros?
- Quais são meus pensamentos sobre magia coercitiva (em que seus desejos substituem a vontade de outra pessoa)?
- Quais são minhas crenças sobre responsabilidade mágica?
- Qual é a minha conexão com a natureza e com a terra?
- Quais são as minhas crenças em relação ao carma, "colher o que eu semeio" ou a ideia de que "o que vai, volta"?
- Quais são meus pensamentos sobre fazer magia em nome de outra pessoa?

Depois de refletir sobre essas questões, você pode começar a mapear seu próprio código de ética. Antes de começar a trabalhar magicamente, pense sobre que tipos de feitiços está disposto a fazer e quais se alinham com sua conduta. Este livro pretende ser um guia sobre como fazer magia em geral, então você deve ser capaz de adaptar qualquer coisa encontrada aqui para se adequar ao seu código de ética pessoal. E pode também encontrar coisas aqui que não se alinham com o seu código. Pegue o que funciona para você e deixe o resto.

## Um altar simples

Antes de acender sua primeira vela para um feitiço, é uma boa ideia determinar onde você vai colocá-la. Colocar sua vela em um lugar especial aumenta sua magia. Quando tratamos nossas velas com reverência, estamos dizendo ao Universo que o que queremos é importante para nós. Um altar é uma opção para um espaço que pode ser configurado como um ponto focal para oração, meditação ou magia que exploraremos mais no capítulo 12. Por enquanto, abra um espaço que seja especial e seguro – sobre uma mesa, criado-mudo ou peitoril da janela – para ser sua área dedicada à criação de magia. Certifique-se de que a área esteja livre de qualquer coisa que possa pegar fogo (por exemplo, cortinas, papéis ou prateleiras acima) e que você possa estar sempre de olho – um lugar visível.

## Energizando uma vela

Ao começar fazer magia com velas, você pode ter dificuldade em acreditar que aquilo que está fazendo terá um efeito sobre tal situação. A confiança no trabalho de feitiços vem da experiência, e é por isso que muitos iniciantes contratam feiticeiros experientes para lançar feitiços para eles. Embora ninguém possa se preocupar mais com o resultado de sua magia do que você, um lançador de magia experiente não tem nenhum tipo de dúvida que possa interferir no resultado do trabalho feito a um pedido seu.

Antes de fazer seu primeiro feitiço, existem alguns experimentos rápidos que se pode fazer para demonstrar as diferenças entre uma vela *carregada* e uma vela *descarregada*. Ao dar seus primeiros passos de bebê na magia das velas, é útil ser capaz de ver essas diferenças. Lembre-se de que a vela em si não tem poder – é apenas uma ferramenta que contém a marca da energia colocada nela para que, juntos, vocês possam manifestar suas intenções no mundo real.

Minha colega Janine, da *Key & Clover*, sugeriu um experimento simples e lindo, que pode ser usado para notar a diferença de energia em um feitiço de vela. Nele, você compara a queima de uma vela quando ela foi carregada com sua intenção e oração, com uma que não foi carregada com sua energia.

## Experiência de energização de velas

**Você vai precisar de:**

- Duas velas de aniversário
- Fósforos ou isqueiro
- Um prato pequeno

No exercício a seguir, observe a diferença entre uma vela carregada energeticamente e uma vazia.

Em sua aula de ciências do ensino médio, você pode ter aprendido que o procedimento para fazer um experimento tem dois componentes: um chamado "controle" (não modificado) e outro que é a "variável" (modificado). O próprio experimento é a comparação dos dois. Neste experimento, energize uma vela e deixe outra não energizada e veja a diferença em como elas queimam. Você não vai fazer um feitiço neste experimento; em vez disso, simplesmente vai infundir uma vela com sua energia positiva e deixará a outra como está (embora possamos dizer que este é um feitiço para o contentamento contínuo).

Pegue duas velas de aniversário idênticas, do mesmo pacote, e coloque-as sobre a mesa. Feche os olhos e esfregue as palmas das mãos até começar a sentir algum calor entre elas. Mantenha as palmas das mãos afastadas uma da outra e observe suas sensações. Agora, pegue uma das velas e segure-a entre as palmas das mãos. Feche os olhos e concentre seus pensamentos em uma direção positiva. Você pode visualizar uma memória positiva, concentrar-se de maneira confiante nos sonhos futuros ou apenas pontuar suas bênçãos no presente. Sinta a energia irradiando de suas mãos para a vela. A parte importante deste experimento é manter sua intenção de forma positiva, segura e sem dúvidas ou medos.

Se tiver dificuldade para visualizar, pode repetir afirmações que reforçam a positividade, como "Estou feliz" ou "Tudo sempre dá certo para mim". Também pode simplesmente sentir uma sensação de bem-estar, contentamento e paz. Se sua vida está em um estado em que é difícil puxar esses bons sentimentos, então sentar e escrever uma lista de coisas pelas quais pode ser grato agora seria um ótimo ponto para começar.

Faça o que fizer, não economize nesta parte. Passe vários minutos segurando sua vela e enchendo-a de energia positiva. Caso se distraia, abaixe a vela e esfregue as mãos novamente. Quando sentir a sensação de que está completo (e tiver segurado a vela por pelo menos alguns minutos de energia concentrada), o experimento pode começar.

Fixe as duas velas em um prato. Se estiver usando velas de cera de abelha e o clima estiver quente, pode fixá-las apenas pressionando--as; caso contrário, aqueça levemente o prato ou use um fósforo para derreter um pouco do fundo das velas e cole-as no prato.

Agora, acenda as duas velas e observe como elas queimam. Se você fez um esforço real para infundir energeticamente uma única vela, verá a diferença em como ela queima. Frequentemente as pessoas relatam que a vela queima com uma chama mais forte, que é mais ativa ou que a vela carregada queima mais rápido do que a vela de controle.

## O básico de um feitiço de vela

Tendo visto como a energia afeta o funcionamento de uma magia, agora é hora de guiá-lo através de um feitiço de vela básico, para que você tenha uma estrutura e possa se sentir confiante ao iniciar seu caminho mágico com as velas.

Tudo que você precisa para realizar um dos feitiços mais simples de todos é de uma vela, um fósforo e sua intenção clara. Na verdade, esse foi o primeiro tipo de magia com velas que eu fiz na minha vida, ainda na minha infância – falar meu desejo ou intenção em voz alta e acender minha vela enquanto o fazia. Se você nunca fez magia com velas antes, recomendo começar aqui.

Para este primeiro feitiço, sugiro optar por uma vela pequena ou rechaud (se não tiver, tudo bem, pode usar qualquer outra), essa é uma boa escolha para que você possa começar a fazer outro feitiço logo depois, em vez de esperar até que este termine.

Não importa a vela que escolher, é essencial que ela seja nova e não uma que já tenha sido queimada antes, principalmente uma que tenha queimado para outro feitiço. Você não vai querer confundir e diluir a intenção energética!

## Feitiço de vela básico

**Você vai precisar de:**
- Uma vela
- Castiçal, bandeja ou prato
- Fósforos ou isqueiro
- Intenções claras

1. Segure a vela em suas mãos por vários segundos ou por até um minuto enquanto define sua intenção; imagine o resultado que deseja ou mentalize as palavras de seu desejo. Sinta sua energia irradiando de suas mãos para a vela – esse sentimento carrega e infunde a vela com suas intenções.
2. Coloque a vela no suporte ou na bandeja.
3. Fale em voz alta seu desejo ou intenção ao acender a vela.
4. Acenda a vela enquanto estiver em casa e acordado. Se sair de casa ou for dormir, apague a chama e acenda-a novamente quando puder ficar de olho nela.
5. Queime a vela todos os dias até que esteja completamente gasta.

O objetivo de um feitiço simples é concentrar sua energia e usar o ritual de acender a vela para dar algum poder e compromisso à sua intenção. Sem bagunça, sem confusão. Você também pode usar este formato simples ao trabalhar com velas que já foram temperadas com óleos e ervas.

Feitiços de velas não precisam ser complicados para serem eficazes. Se quiser fazer um pedido simples ou algum trabalho de feitiço imediatamente e tudo que você tem em mãos é uma vela e um fósforo, então pode seguir este formato básico.

## Um feitiço de vela pode ser um tiro pela culatra?

Perguntam-me pelo menos uma vez por semana: "E se meu feitiço sair pela culatra?" Quando questionado isso, muitas perguntas são trazidas à mente. A saber, o que significa um feitiço "sair pela culatra?" Tenho a impressão de que as pessoas que perguntam acham que, se um feitiço for feito "errado", não apenas elas não conseguirão o que pretendiam, mas acabarão em um lugar ainda pior do que antes. Isso é evidentemente falso. Pense nisso – se estivesse tentando fazer um bolo e adicionasse sal em vez de açúcar à receita, simplesmente terminaria onde começou antes de começar a fazer o bolo – sem bolo. Você não acabaria em algum vórtice negativo de nunca mais comer. E a solução simples para o problema seria reiniciar sua receita do zero.

É o mesmo com o trabalho com feitiços. Se cometer um grande erro e bagunçar seu feitiço, o pior que pode esperar receber é... nada. Nada demais! Não há retorno cármico de um feitiço feito de maneira errada. Como um foguete que explode, ele simplesmente se torna um fracasso. Se fizer um feitiço de vela e ele não der certo, respire fundo, jogue tudo fora e comece de novo. Acenda outro e deixe seus trabalhos com o fogo continuarem com força!

# 2

# Prática de Magia com Velas

Mesmo que estivéssemos falando sobre magia espiritual de alto nível, a magia com as velas é também sobre o mundo material. Ter uma vela acesa requer toda certeza de que estará seguro. Existem também partes práticas a serem consideradas. Quantos tipos de velas existem, quais itens é bom ter à mão para fazer um feitiço mais elaborado e quais cores de vela escolher são coisas que você provavelmente se perguntará quando estiver confortável com os feitiços mais simples.

## Precauções ao realizar feitiços com velas

Quando você está trabalhando com velas, está mexendo com o elemento Fogo. Como em todo trabalho elemental, se o elemento não for tratado com reverência e respeito, você pode ter alguns problemas. E quando se trata de fogo, as consequências podem ser bastante graves.

Aqui estão algumas precauções de segurança de bom senso que deve tomar sempre que estiver fazendo um feitiço com vela.

1. Certifique-se de estar acordado e presente sempre que uma vela estiver acesa.
2. Certifique-se de acender as velas em uma área livre de objetos inflamáveis, como móveis, roupas de cama, carpete, livros, papéis, cortinas, etc.
3. Queime velas longe de correntes de ar, aberturas e ventiladores de teto.
4. Sempre acenda velas em uma área bem ventilada.

5. Mantenha velas acesas fora do alcance de crianças e animais de estimação.

6. Mantenha o pavio da vela aparado para 6 mm enquanto queima.

7. Acenda velas em castiçais projetados para este uso.

8. Coloque os suportes em superfícies resistentes ao calor.

9. Mantenha a poça de cera livre de aparas, fósforos e detritos.

10. Nunca toque em uma vela enquanto ela estiver acesa. Seu recipiente pode ficar muito quente e a cera pode pingar em você.

11. Use um abafador para apagar uma vela; nunca a assopre.

12. Nunca apague uma vela com água. A água pode interagir com a cera e criar uma bola de fogo, fazer com que a cera respingue e, potencialmente, quebrar recipientes de vidro.

13. Apague uma vela se ela fumegar, piscar ou se a chama ficar muito alta. Depois que a ela esfriar, pode aparar o pavio e verificar se há correntes de ar.

14. Mantenha um extintor de incêndio à mão (Classe B, K ou ABC) caso seja necessário.

# Tipos de velas

Existem diferentes tipos de velas que se pode usar para o trabalho de feitiço. Como escolher? Aqui está a maioria das variedades de velas que você encontrará em sua jornada mágica, assim como suas descrições e características especiais.

## Velas cônicas

São aquelas velas longas e finas, como as que vemos em uma mesa de jantar chique. Elas vêm em vários tamanhos, desde os longos de 30 cm que vemos em candelabros, chamados de *velas altas*, até as mais curtas de 12 cm que são usadas em serviços de oração, chamadas de *velas grossas*. Há velas menores e mais finas que às vezes são chamadas de *velas de sino* (também conhecidas como *velas palito*), mas gosto de chamá-las de *velas finas*. Velas de aniversário também se enquadram na categoria de velas uteis (pessoalmente, eu as chamo de *velas minúsculas*). Como elas vêm em uma variedade de tamanhos, você pode escolher a vela ideal com base em quanto tempo deseja que ela queime.

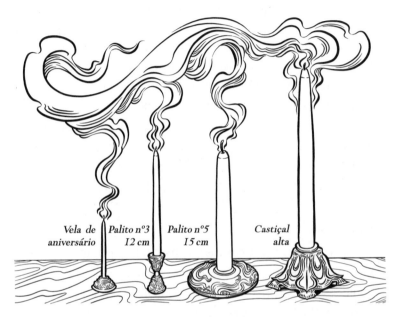

*Tipos de velas cônicas*

As velas podem ser usadas para magias por conta própria, mas também podem ser acrescentadas como itens adicionais a uma magia quando quiser trazer algum poder extra. Elas podem ser usadas como velas de suporte, que são velas extras colocadas ao redor de uma vela principal, às vezes chamada de *vela mestra*. Velas de suporte podem trazer foco e energia adicionais ao acrescentar uma cor mágica ou ao serem vestidas com óleos e ervas diferentes da vela mestra. Essas velas também são excelentes para feitiços de vários dias, dividindo uma vela alta em seções ou queimando uma vela fina por dia ao longo de um certo número de dias. Uma única vela também pode ser preparada e abençoada com óleos e ervas e queimada individualmente para um feitiço rápido e focado. As vantagens de velas cônicas são que elas estão prontamente disponíveis, vêm em várias cores e geralmente não têm fragrância, então pode adicionar suas próprias ervas e óleos a elas.

38 | O Livro da Magia das Velas

A maioria das velas é feita com parafina, mas as de melhor qualidade são feitas com cera de abelha.

Escolha um cone fino quando quiser apoiar uma vela maior com outra cor ou se já tiver um feitiço e quiser adicionar uma dose extra de magia. Por exemplo, se você fez um feitiço para ser aceito na faculdade de sua primeira opção e está esperando para ouvir os resultados, pode acender uma vela maior para a aceitação da sua escolha e, uma vez que acabou de queimá-la, acender uma vela fina a cada dia para manter essa energia até receber a carta de aprovação.

Velas finas ou de aniversário também podem ser usadas quando precisar desencadear um feitiço prontamente ou quase imediatamente. Por exemplo, seu animal de estimação fugiu e você deseja enviar um feitiço depressa para permitir um retorno rápido e seguro do animalzinho.

## Velas pilares

São velas em cilindros mais grossos, que podem ficar em uma bandeja ou em um prato sem um castiçal. São decorativas, podem ser perfumadas e são encontradas em lojas de presentes, spas e lojas de departamento. Além de serem mais largas do que as cônicas, as velas pilares têm um fundo plano e vêm em uma variedade de tamanhos, desde curtas e largas a altas e finas, com uma faixa de diâmetro de cerca de 5 cm ou mais. Elas também vêm em uma variedade de alturas, desde velas curtas e atarracadas até altas e imponentes, tão amplas que precisam de vários pavios.

As velas pilares maiores geralmente são queimadas ao longo de vários dias. A vantagem é que elas são grandes o suficiente para que possam ser inscritas com nomes, desejos ou até mesmo intenções longas e detalhadas. Algumas dessas velas são perfumadas com fragrâncias que podem funcionar como incenso para imbuir um espaço e ser um portador de suas intenções. As melhores contêm alguns óleos essenciais e ervas que podem apoiar e fortalecer sua intenção. Pilares menores, do tipo rechaud, podem ser usadas para pequenas queimas, quando quiser fazer um feitiço rápido ou acender uma vela por dia ao longo da semana.

## Velas de vigília e velas de pote

As velas de vigília (também conhecida como *vela de novena*) são feitas de cera de abelha ou de parafina e são envoltas em um frasco de vidro. Estas são as grandes velas que os paroquianos acendem durante suas orações nas igrejas. No Brasil elas são mais difíceis de serem encontradas, mas hoje temos a opção de comprar de sites internacionais, como o Ebay, a Amazon ou no site da autora, www.parlourofwonders.com.

Originalmente, elas queimavam por nove dias contínuos ("novena" vem do latim *novem* que significa "nove"), mas agora, com os fabricantes procurando cortar custos, são feitas um pouco mais finas e menores, normalmente durando de cinco a sete dias se queimadas continuamente. Geralmente não têm fragrância e podem ser encontradas em várias cores. Quando comprados em uma loja esotérica, elas podem ser simples ou "vestidas e abençoadas" o que significa que a loja adicionou óleos espirituais e/ou ervas alinhadas com seu trabalho de feitiço.

Os suportes de vidro das velas novena podem ser lisos, grafados ou terem etiquetas de papel com palavras ou imagens. Existem também refis de velas, chamados *pull-outs*[1], que podem ser adicionados a suportes de vidro vazios. Imagens e palavras no vidro de uma vela de vigília dão até mesmo ao comprador iniciante uma pista de como a vela pode ser usada. Por exemplo, uma vela com um rótulo que diz "Amor verdadeiro" obviamente pode ser usada para feitiços de amor. Conforme for aprendendo sobre a magia das cores, posteriormente, ainda neste capítulo, você será capaz de identificar se deseja aquela vela do amor em rosa (para um amor doce e romântico) ou em vermelho (para química quente e apaixonada).

Uma maneira realmente mágica de personalizar velas de vigília é começar com uma vela em um pote de vidro simples e decorar o vidro com canetas de tinta, marcadores permanentes, adesivos ou uma etiqueta personalizada, feita com uma impressora de computador e papel adesivo.

---

1. N. do T.: *pull-out* é basicamente uma vela de sete dias que encaixa no frasco de vidro.

Ao comprar uma vela de vigília, certifique-se de saber se a ela é simples ou vestida com ervas e óleos. Os lançadores de feitiços mais experientes podem querer trabalhar com uma vela simples, mas comprar uma vela que já foi preparada e abençoada por um praticante experiente torna o lançamento de um feitiço tão fácil quanto falar palavras de intenção e acender a vela. No último caso, não é preciso ter conhecimento de quais ervas ou óleos adicionar ao seu feitiço, porque um veterano de confiança fez isso por você.

Velas de pote são aquelas que vêm em um recipiente de vidro de qualquer formato ou tamanho. Elas podem ser feitas de parafina, cera de abelha, soja, palma ou cera de gel, e as vezes vêm com uma fragrância adicionada. Esse tipo de vela pode ser encontrada em lojas de presentes, de utilidades domésticas, de artigos religiosos, esotéricas ou em spas, a maioria é usada simplesmente para perfumar um espaço. No entanto, existem variedades mágicas que incorporam ervas, óleos essenciais e até mesmo pedras preciosas para fins mágicos.

## Velas votivas

 Também conhecida como *vela rechaud*, essas pequenas velas de pilar são destinadas a pequenos recipientes de vidro (tradicionalmente vermelhos) e são essencialmente uma versão menor de uma vela de vigília, porém, ao contrário destas, as velas votivas e seus copos são frequentemente vendidos separadamente. Originalmente, essas velas foram encontradas em igrejas católicas. Um visitante da igreja poderia fazer uma pequena doação e acender uma vela votiva, em vez das velas maiores da novena.

Esse tipo de vela geralmente queima em questão de horas, portanto, são consideradas velas mágicas de um dia; essas pequenas velas podem ser usadas para feitiços que necessitam de vários dias para ser concluído, onde uma vela é queimada por dia. Algumas velas votivas são perfumadas, o que pode aumentar sua intenção. As melhores velas para fins mágicos, no entanto, são carregadas com óleos essenciais e ervas para oferecer suporte específico para o seu feitiço. As simples também podem ser vestidas e abençoadas pelo lançador do feitiço (veremos mais a frente como fazer).

## Velas figurais

São aquelas velas moldadas em formas representativas, com figuras humanas, de anjos, gatos, pirâmides e muitos outros estilos simbólicos. Velas figurais são como talismãs visuais que adicionam um grau extra de suporte ao trabalho de feitiço. Assim como uma ferradura é mais do que um pedaço de ferro em forma de U, uma vela figural oferece um ponto focal simbólico e mais energia para seu feitiço por meio da imagem visual.

Essas velas são geralmente feitas com cera simples e sem perfume, portanto, têm mais poder mágico quando vestidas com óleos e ervas. Elas podem ser queimadas para o trabalho de feitiço por si próprias, ao lado de outras velas figurais ou com velas cônicas usadas como suporte.

## Velas flutuantes

Pequenas velas achatadas que podem flutuar muito bem em uma tigela de água. As velas flutuantes são geralmente feitas com cera simples; quando usados para o trabalho com feitiços, elas devem ser vestidas com óleos e ervas.

A característica única das velas flutuantes é que podem flutuar em águas especiais, como água benta, água carregada sob a Lua cheia, água infundida com ervas ou água com pedras preciosas e talismãs adicionado aos recipientes. No entanto, velas flutuantes não precisam ser usadas somente na água, elas podem ser queimadas em um prato ou em uma bandeja, como uma vela figural normal.

## Velas de dupla ação

As velas de dupla ação são velas cônicas, extragrandes e especiais, que foram derramadas ou mergulhadas de modo que metade da vela seja de uma cor (vermelha, verde ou branca, por exemplo) e a outra metade preta. É como queimar dois feitiços em um. A metade preta é queimada primeiro para enviar qualquer negatividade de volta à sua fonte e a metade branca, vermelha ou verde é queimada depois para trazer bênçãos.

## Velas de ação tripla

Parecidas com as de ação dupla, porém divididas em três cores, essas velas têm os terços superior, médio e inferior em cores diferentes. São velas cônicas extragrandes, que geralmente começam como velas de uma cor só e são mergulhadas em cores diferentes em cada extremidade, para criar o efeito tricolor. Cada cor é queimada por um aspecto diferente de um único feitiço. Elas são semelhantes às velas de dupla ação multicoloridas, no sentido de que, mais de uma intenção pode ser incorporada em um único feitiço de vela, podendo usar cada parte para uma faceta diferente de seu desejo. Velas de ação tripla também podem representar qualquer uma das trindades divinas, como a Deusa Tripla ou a Santíssima Trindade, e podem ser usadas como velas de altar, espirituais ou velas de bênção, usadas para convidar essas divindades para ajudar em seu trabalho de feitiço.

## Velas de ação reversa

São velas coloridas (geralmente vermelhas) revestidas externamente com uma camada de cera preta. Usadas para reverter a negatividade e enviá-la de volta para onde se originou. Geralmente são velas cônicas extragrandes, mas às vezes podem ser encontradas em formas de velas figurativas, que podem adicionar uma dimensão simbólica ao trabalho de feitiço.

## Outras velas multicoloridas

Também é possível comprar velas de vigília em várias cores. Duas, três e às vezes até sete cores diferentes de cera são colocadas, camada por camada, em um recipiente de vidro. Essas velas multicoloridas podem ser usadas para resolver mais de um problema em um único feitiço. Por exemplo, uma vela "Abre Caminho" com camadas de cera laranja, verde e amarela para oportunidade, prosperidade e sorte, respectivamente.

Algumas velas figurativas também vêm em várias cores e podem ser usadas para trazer diferentes elementos para um feitiço. Por exemplo, uma vela em forma de caveira, metade azul e metade rosa (azul para reconciliação e rosa para romance), ou uma vela vermelha em forma de figura humana, mergulhada em cera preta para reversão.

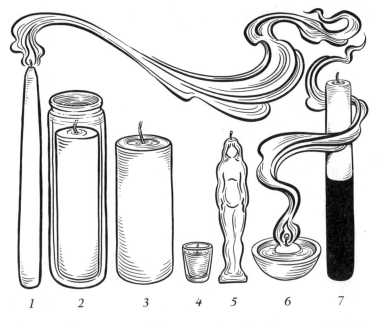

1. cônica 2. vigília 3. pilar 4. votiva 5. figural 6. flutuante 7. dupla ação

## Magia das cores

Depois de determinar o tipo de vela que é melhor para o seu feitiço, você provavelmente começará a pensar na cor. A cor é mágica! Trazer cor para o seu trabalho com feitiços adiciona uma dimensão extra de suporte e poder. Quando se escolhe uma vela de vigília que tem um rótulo e já está vestida com óleos e ervas e abençoada para um determinado resultado (por exemplo, uma vela da Prosperidade Abundante por dinheiro ou uma vela da Alma Gêmea para o amor), não precisa necessariamente considerar a importância da cor da vela, o fabricante de velas já fez esse trabalho para você. Mas se estiver escolhendo uma vela de cera simples e temperando-a com óleos e ervas, pode escolher uma cor que corresponda à sua intenção.

Ao examinar a lista de cores e as áreas correspondentes em que são mais eficazes, é comum perceber que há alguns problemas que têm a possibilidade de ter mais de uma cor para se usar. Por exemplo, fazer um feitiço de cura com velas azuis, lilases, verdes ou brancas.

## 44 | O Livro da Magia das Velas

Um lançador de feitiço de vela experiente pode notar uma vibração ligeiramente diferente para cada cor, mas não pense demais nas coisas ou fique preso ao tomar uma decisão. Basta escolher aquela pela qual se sente mais atraído e confiar em sua própria orientação intuitiva.

**Amarelo:** otimismo, prosperidade, felicidade, boa sorte, atração, sucesso, confiança, visibilidade, fama, autoestima, comunicação, concentração, foco, inspiração, intelecto, lógica, memória, conhecimento, aprendizagem.

**Azul:** reconciliação, harmonia, paz, gentileza, cura, ideias, inteligência, sabedoria, lealdade, sono, meditação, comunicação, criatividade, trabalho dos sonhos, confiança, bênçãos, calma, perdão, verdade, felicidade, inspiração, fidelidade, honestidade.

**Branco:** limpeza, clareza, bênção, cura, inocência, verdade, conexão com os espíritos ou com o mundo espiritual, conexão divina, consagração, trabalho dos sonhos, conexão psíquica, pureza, descanso, magia da lua, trabalho angelical, devoção, harmonia, oração, paz, purificação, verdades universais. O branco também pode ser usado como uma cor multifuncional para suas intenções, quando a cor desejada não estiver disponível.

**Cinza:** neutralidade, invisibilidade, trabalho em "áreas cinzentas", anonimato, esconder-se dos outros, trabalhar entre mundos, segredos, sabedoria oculta e arcana, reversão, descobrir mistérios e segredos, levantar maldições, desfazer o trabalho de feitiço anterior.

**Laranja:** novas oportunidades, novos empreendimentos, novos começos, mudança de planos, encorajamento, abrir caminho, remover bloqueios, conforto físico, calor, segurança, ambição, criatividade, coragem, otimismo.

**Lavanda:** cura, calmante, tranquilidade, espiritualidade, meditação, pacificação, cooperação, sensibilidade, compaixão, empatia, abnegação.

**Marrom:** justiça, equilíbrio, aterramento, processos judiciais, questões jurídicas, pé no chão, questões práticas, seriedade, confiabilidade, suporte, estabilidade, segurança, terra, natureza, animais, casa, nostalgia, necessidades básicas atendidas, equilíbrio.

**Ouro metálico:** prosperidade, fama, luxo, generosidade, otimismo, sabedoria, iluminação, vitória, magia do sol, confiança, força vital, poder, atração, magnetismo, vigor, carisma.

**Prata metálica:** sonhos, intuição, trabalho psíquico, cortesia, honra, magia da Lua, ritmo, ciclos, adivinhação, ilusões, encantamentos, sabedoria.

**Preto:** banimento, transformação, descruzamento, finalização, dominação, proteção, reversão, repulsa, libertação do mal, maldição, camuflagem, sofisticação, segurança, segurança emocional, fechamento, quebra de padrões, tristeza, luto, absorção, remoção, aprisionamento, encapsulamento, o inconsciente, mistério, proteção contra mau-olhado.

**Rosa:** amor romântico, amizade, almas gêmeas, doces sentimentos, cura emocional, conexão com o coração, afeto, amor familiar, admiração, tranquilidade física, carinho, calor, juventude, cura da dor, compaixão, perdão, beleza, amor incondicional.

**Roxo:** capacitação, controle, comando, maestria, poder, ambição, realização, carisma, luxo, expansão, habilidade psíquica, espiritualidade, autenticidade, verdade, transformação, percepção, justiça, sabedoria, política, adivinhação, intuição, desejos, influência.

**Verde:** prosperidade, abundância, riqueza, generosidade, dinheiro, sorte, carreira, crescimento, fertilidade, sorte no jogo, negócios, um bom trabalho, harmonia, equilíbrio, cura, amor-próprio, altruísmo, amor universal, contato com fadas e espíritos da natureza.

**Vermelho:** amor apaixonado, energia, ação, atração, sexualidade, magnetismo, vontade, força, raiva, fogo interior, coragem, calor, luxúria, impulso, prazer, vitalidade, vigor, excitação, desejo.

## Velas com mais de uma cor

Também existem velas que têm mais de uma cor, combinando o poder de duas cores em um feitiço ou como uma intenção (a primeira cor) seguida por uma segunda intenção (a segunda cor).

**Preto e branco:** inverte a negatividade geral, traz bênçãos, invoca a mãe terra (preto) e o pai céu (branco), dualidade, yin e yang.

**Preto e vermelho:** reverte a negatividade em torno dos relacionamentos e traz amor.

**Preto e verde:** inverte a negatividade em torno do dinheiro e traz prosperidade.

**Arco-íris ou vela de sete cores:** essas velas de sete camadas podem corresponder aos chacras: vermelho, laranja, amarelo, verde, azul, índigo e roxo ou branco. Podem ser usadas para a cura dos chacras, para feitiços que abordam vários problemas ou, uma vez que o arco-íris é um símbolo do orgulho LGBT, para a celebração da diversidade sexual. Você também pode usar esta vela de arco-íris como um feitiço de sete dias, queimando um segmento de cor a cada dia.

**Outras combinações multicoloridas:** algumas velas podem ter outras combinações de cores. Se não tiver certeza para o que a vela deve ser usada, faça engenharia reversa em sua resposta. Observe a descrição de cada cor e veja se elas têm algo que as conecta magicamente.

Por exemplo, uma vela verde e amarela pode ser usada para feitiços de dinheiro (amarela para sorte e verde para prosperidade) ou também pode ser usada para sucesso no trabalho. Uma vela azul e rosa pode ser usada para reconciliação (azul) e para o romance (rosa). Uma vela roxa e vermelha pode ser usada para energia (roxa) e vontade (vermelha). Uma vela vermelha, branca e azul pode ser usada para vitalidade (vermelha), bênção (branca) e cura (azul).

Fique de olho nas velas com várias cores e pense em como pode incorporar essas combinações em seu trabalho de feitiço.

# O que há em seu kit de ferramentas de velas mágicas?

Quando estiver pronto para fazer o trabalho com feitiço usando velas, você vai precisar de algumas ferramentas adicionais para preparar esses feitiços. Alguns desses utensílios são necessários, outros, embora opcionais, vão adicionar energia extra aos seus feitiços ou tornar o lançamento mais fácil e agradável.

## Fósforos, isqueiros ou chamas eternas

Acredite ou não, este é um tópico controverso na magia das velas, com facções pró-fósforo e pró-isqueiros lutando. Os amantes dos fósforos dizem que eles são mais autênticos, antiquados e ecológicos, enquanto os fãs de isqueiros dizem que o enxofre nos fósforos pode desfazer um trabalho positivo. Eu usei ambos em meus feitiços e não vi nenhuma diferença no resultado ou na eficácia, então escolha o que achar que é mais mágico. Dito isso, há algumas coisas em que pensar ao escolher uma ferramenta para acender sua vela.

Os fósforos advindos daquelas caixas de papelão são adequados se estiver acendendo apenas uma ou duas velas, mas se estiver acendendo múltiplas velas para o seu feitiço, pode querer usar fósforos mais longos, como os de cozinha, que têm cerca de 6 cm de comprimento, para que não queime os dedos. Para velas de vigília e velas queimadas em um pote ou em outro recipiente de vidro, fósforos mais longos se tornam essenciais para reacendê-las caso necessário. Fósforos de lareira, que têm cerca de 28 cm de comprimento, são especialmente úteis para estender a mão e reacender as velas de vigília quando se aproximam do fim de sua queima.

Os isqueiros comuns não são ideais para acender velas, porque tem que segurar a vela ou o próprio isqueiro na horizontal para acendê-la, o que fará com que a chama fique muito perto de seus dedos e queime enquanto pressiona ou aciona a roda de faísca. Uma opção melhor é usar isqueiros para churrasco, que são maiores, têm pescoço longo e mantêm a chama longe de seus dedos. Como os fósforos para lareira, esses isqueiros são úteis para alcançar potes de vela altos e estreitos. A grande desvantagem deles é que a maioria não é recarregável e, portanto, é jogada em aterros. No entanto, é possível encontrar alguns modelos recarregáveis; se existe a vontade de seguir este caminho, estes são os preferíveis.

Outra opção interessante são os isqueiros USB. São isqueiros reutilizáveis que podem ser recarregados através de um plugue USB. Não usam nenhum combustível; em vez disso, eles geram uma pequena faísca elétrica em uma lacuna que é grande o suficiente para colocar um pavio. Eles também têm um elemento mágico. Quando disparar seu feitiço com uma carga elétrica, você estará, simbolicamente, dando a ele uma dose real de poder. A vantagem é que duram milhões de zaps, então, ao contrário dos isqueiros descartáveis, não serão adicionados mais plástico aos nossos aterros sanitários.

Outra opção para acender sua vela mágica é usar uma que se designa como "chama eterna". Embora uma chama eterna pareça muito especial e mágica, tecnicamente, significa apenas usar uma vela para acender outra. O conceito por trás da chama eterna é o de não usar um fósforo, que contém enxofre, ou um isqueiro, que usa butano, para atrapalhar seu feitiço. Acenda uma vela cônica da maneira que desejar e use-a para acender sua vela mágica.

Uma última variação é boa para realmente mergulhar profundamente em alguma magia natural – usando uma lente de aumento e o sol para iniciar uma pequena chama. Este "fogo solar" pode então ser usado para acender uma chama eterna com a qual pode acender sua vela. Tenha muita paciência e escolha um dia ensolarado para fazer isso (não é fácil), mas se quiser trazer a energia do sol para seus feitiços, isso pode ser bastante poderoso e satisfatório.

## Frascos e recipientes de vidro

Muitas velas vêm com um pote de vidro incluído, como as de vigília, velas de pote e algumas votivas. Velas também podem ser encontradas em latas de metal ou outros recipientes mais resistentes ao calor. Esses recipientes ajudam a manter as ceras mais suaves e permitem a queima completa, em vez de formar uma poça e se espalhar em um prato ou e uma bandeja. O objetivo da maioria dos feitiços é queimar a vela o mais completamente possível, então os recipientes ajudam nisso.

Com velas pilares independentes ou velas extragrandes, acho útil colocá-las em potes de vidro estreitos ou em suportes votivos maiores para conter a cera e deixá-las queimar o máximo possível. Acender velas em potes de vidro também permite que o feiticeiro faça capnomancia (leitura da fuligem ou da fumaça) assim que a magia for concluída.

## Castiçais e candelabros

Um castiçal para velas, às vezes chamado de candelabro, pode ser feito de qualquer material à prova de fogo, como metal, cerâmica ou vidro. Um suporte para uma única vela geralmente é chamado de *castiçal*, enquanto um que comporta várias velas é chamado de *candelabro*. Normalmente, eles têm o formato de um cone padrão, mas velas ligeiramente menores ou maiores podem ser colocadas neles com alguns ajustes, seja esculpindo a base da vela para torná-la menor, seja adicionando algum adesivo de cera macia em torno da base de uma vela que seja muito pequena. Eu recomendo o uso de castiçais únicos ao queimar apenas uma vela ou nos casos em que deseja colocar velas em um altar em um determinado padrão.

Existem alguns candelabros especiais que seguram velas palito (velas de sino). Os castiçais suecos, de latão ou de madeira, feitos como enfeites de Natal chamados de *sinos de anjo* (de onde vem o nome "velas de sino"). Essa é uma ferramenta encantadora que pode ser adaptada aos seus feitiços. Esses suportes especiais apresentam um catavento fino de latão ou de madeira que gira com o calor das quatro velas abaixo dele, o que também faz soar pequenos sinos ou faz figuras se moverem em uma trilha. Uma *menorá*[2] para Hanukkah[3] ou uma *kinara* de Kwanzaa[4] também podem ser usados para outros feitiços além de honrar os sete dias ou oito noites do feriado. Pense em maneiras de usar esses suportes de velas múltiplas em seu trabalho de feitiço, como acender mais de uma vela para suas intenções ou uma por dia ao longo de uma ou mais semanas (consulte o capítulo 8 para obter mais informações sobre feitiços de várias velas e de vários dias).

---

2. N. do T.: candelabro sagrado, com sete braços. Originalmente feito de ouro e cheio com óleo de oliva. Mantido permanentemente aceso no Templo de Jerusalém, é o emblema do Estado de Israel.

3. N. do T.: Hanukkah é uma festividade judaica realizada todos os anos que celebra a vitória da luz sobre a escuridão e a reconsagração do Templo de Jerusalém, também é conhecida como Festival das Luzes e normalmente dura cerca de oito dias.

4. N. do T.: Kinara é um candelabro de sete braços usado na Kwanzaa, que é uma celebração cultural e religiosa típica da cultura afro-americana, comemorada entre os dias 26 de dezembro e 1º de janeiro.

## Abafadores e mergulhadores de pavio

Um abafador é uma ferramenta que apaga uma vela cortando o suprimento de oxigênio para o pavio. São geralmente em forma de sino ou cone e têm algum tipo de alça. Para usá-los, basta colocar o cone sobre a chama e mantê-lo ali por alguns segundos.

Abafadores são mais do que uma forma romântica e ancestral de apagar as chamas de suas velas, além de ser mais seguro. Apagar uma vela com o sopro da boca sempre envolve o risco de soprar a cera quente e líquida para todos os lugares, criando uma bagunça e, potencialmente, queimaduras. De uma perspectiva mágica, apagar uma vela mostra desrespeito ao espírito do fogo e sinaliza que você não valoriza mais o objetivo de seu feitiço. Em muitas práticas mágicas o abafador representa a maneira aceitável de colocar um feitiço em "pausa" – apagar uma vela, por outro lado, seria um sinal de que o trabalho do feitiço terminou.

Eu aconselho meus alunos de magia com velas a apagá-las sempre que saírem de casa ou forem dormir. Já vi muitos incidentes em que as chamas de velas incendiaram coisas; se não estiver lá para conter uma chama crescente, isso pode resultar em desastre.

Os mergulhadores de pavio são longos ganchos de metal que apagam uma vela mergulhando o pavio aceso em sua poça de cera derretida e, em seguida, puxando-o suavemente para cima para que possa ser aceso novamente. Embora não sejam tão conhecidos quanto os abafadores, eles funcionam igualmente bem. Os mergulhadores de pavio também são úteis para retirar pavios que se "afogaram" caso forem recuperados antes de a cera ter endurecido.

## Bandejas e pratos

Caso planeje fazer qualquer trabalho de feitiço complexo com velas autônomas figurais, pilares ou cônicas, bandejas e travessas são necessárias. Qualquer base usada para suas magias com velas devem ser à prova de fogo (sem pratos de papel ou bandejas de madeira). Você pode comprar lindos suportes para velas especialmente feitas em lojas de decoração ou converter uma assadeira, um prato de cerâmica pesado, um prato de sobremesa, um pires ou um prato comum em uma plataforma mágica para velas.

## Incenso

Embora não seja necessário para fazer magia com velas, o incenso adiciona uma dimensão extra ao trabalho ritual. Nosso olfato guarda nossas memórias mais fortes e acredito que o cheiro nos ajuda a nos concentrar (pense no cheiro de café ou no perfume ou colônia do seu amante). Antes de iniciar seus rituais com vela, queime um incenso com propriedades que reforcem sua intenção mágica no ambiente em que for praticar o ritual, isso vai aumentar o nível de foco durante sua execução.

Pode-se também adicionar uma camada extra de magia aos seus feitiços, agitando suavemente sua vela através da fumaça do incenso antes de prepará-la ou acendê-la. Se a fumaça irritar seus pulmões, pode criar um incenso sem fumaça, colocando algumas gotas de seu óleo espiritual favorito e um pouco de água mineral em um borrifador. Agite-o e borrife ao redor da sala ou em sua vela antes de começar seu trabalho.

## Óleos Espirituais

Óleos espirituais são usados para enfeitar velas e servir a alguns propósitos. Primeiro, um óleo espiritual de boa qualidade contém óleos essenciais e ervas para apoiar intenções mágicas. Por exemplo, o óleo de prosperidade abundante contém os óleos essenciais e ervas (como pimenta-da-jamaica) que são tradicionalmente usados para aumentar a abundância financeira. Além disso, o óleo aplicado na vela cria uma superfície levemente pegajosa que ajuda os pós, ervas e purpurinas a grudarem na vela.

Ao aplicar óleo em uma vela, considere se o feitiço está *invocando algo* (trazendo), ou *expelindo algo* (limpando). Se estiver trazendo, aplique o óleo em um movimento ascendente, da base da vela em direção ao pavio. Se estiver limpando, aplique o óleo em um movimento descendente, do pavio em direção à base. (Este tópico é explorado mais detalhadamente no capítulo 4.)

## Sachê de pó espiritual

Sachês em pó são pós infundidos com óleos essenciais e ervas para obter um determinado resultado. Pense neles como óleos espirituais em pó. Podem ser borrifados ao redor da base de uma vela ou aplicados diretamente nelas (se aplicados, eles grudam melhor se a vela tiver sido coberta com óleo primeiro). O mesmo óleo e sachê em pó pode ser usado em uma vela (por exemplo, óleo de proteção poderosa e sachê) ou personalizar sua intenção de feitiço misturando e combinando (óleo de atração magnética com sachê de amor verdadeiro, por exemplo).

Sachês em pó também podem ser borrifados em bandejas de velas ou altares para desenhar formas mágicas ao redor de sua vela, que podem fortalecer seus feitiços. (Verifique o capítulo 9 para obter mais informações sobre a magia das formas.)

## Ervas, raízes, flores e resinas

Use material vegetal fresco ou seco em seus feitiços. Para adicionar poder e suporte extra, ervas, raízes e flores são a cereja do bolo mágico. Pode polvilhar ervas secas em cima das velas da vigília ou da coluna; amolecer a cera de um pilar ou de uma vela cônica e enrolá--las em ervas; vestir uma vela figural com óleo e polvilhar ervas sobre ela e/ou colocar flores frescas ou secas, raízes ou ervas na bandeja ao redor do feitiço da vela. Consulte o apêndice I para obter uma lista de ervas e seus usos mágicos.

Não importa como vai usar as ervas, seja cauteloso no uso. Mais ervas não significam um feitiço mais poderoso. O material vegetal seco é inflamável, então não sobrecarregue sua vela com matéria vegetal ou acabará com uma confusão de fogo. Em caso de dúvida, use menos e polvilhe as ervas ao redor da vela, ao invés de em cima dela. As ervas borrifadas ao redor de uma vela ainda podem pegar fogo, mas têm menos probabilidade do que as ervas borrifadas diretamente em cima da vela.

## Documentos de petição

Papéis de petição são tiras de papel nos quais você escreve seus desejos, soletra palavras ou intenções. Um papel de petição básico é um pedaço de papel grande o suficiente para escrever suas intenções, mas pequeno o suficiente para ser dobrado e colocado sob o castiçal, a bandeja de magia de vela, ou vela de vigília. Normalmente, um papel de petição tem cerca de 5 cm quadrados, embora certamente possa fazer experiências com papéis maiores ou menores ou com uma forma diferente de um quadrado.

Os papéis da petição podem ser escritos em qualquer tipo de papel, embora algumas pessoas gostem de incorporar magia extra em seu feitiço usando um papel especial, como pergaminho ou um papel colorido que corresponda à sua intenção (consulte neste capítulo as orientações sobre o uso cores na seção *magia das cores*). Sua petição pode ser escrita a mão ou impressa com o auxílio de um computador e uma impressora, mas eu prefiro escrever minhas petições à mão. Você pode usar uma caneta ou lápis e pode incorporar a magia das cores usando uma tinta ou lápis de cor que apoie sua intenção mágica.

Existem muitos estilos de papéis de petição, do básico ao bastante elaborado (exploraremos mais no capítulo 3), sobre como escrever palavras mágicas.

## Pedras preciosas, conchas e talismãs

Cristais, conchas e amuletos de boa sorte adicionam suporte mágico extra e beleza ao feitiço de uma vela. Você pode posicionar cristais em sua forma bruta ou lapidado ao redor de sua vela para carregar seu feitiço com a energia daquela joia. Pode escolher suas pedras intuitivamente ou usar o apêndice II para encontrar a gema certa para o seu trabalho de feitiço. Existem muitas joias fáceis de encontrar e com preços razoáveis que podem apoiar o seu trabalho de maneiras poderosas.

Conchas também podem ser usadas magicamente para aprimorar o feitiço da vela. Elas carregam a energia de sua casa, o mar, e trazem todo o poder emocional do oceano para a sua intenção. Você pode escolher conchas que simplesmente achar atraentes ou aquelas que combinem com seus objetivos mágicos. Pode também reaproveitar conchas utilizadas em uma refeição e usá-las em seus encantamentos com vela (adoro a ideia de salvar um item mágico de acabar em um aterro sanitário). Dê uma olhada no apêndice III, no final do livro, para obter uma lista de conchas e seus usos mágicos.

Talismãs e amuletos são curiosidades naturais ou artesanais que geralmente chamamos de "amuletos da boa sorte". Moedas, amuletos e joias podem ser adicionados ao seu feitiço para apoiar seu resultado positivo. Usar itens que têm significado pessoal como, por exemplo, uma moeda da sorte ou um anel dado a você por um amante pode adicionar uma conexão pessoal ao seu feitiço. Amuletos feitos comercialmente em formas simbólicas, como um coração ou um trevo-de--quatro-folhas, também podem ser adicionados a qualquer feitiço, basta colocá-los ao redor da vela. Uma lista de talismãs mágicos pode ser encontrada no apêndice IV.

Seja lá o que for usar, coloque seus cristais, conchas ou talismãs ao redor da vela antes de queimá-la. Depois que a magia da vela estiver completa, pode carregar os amuletos com você, usá-los ou colocá-los em seu altar para manter o poder do seu feitiço.

## Glitter e confete

Esses dois itens podem trazer magia das cores para o seu trabalho com feitiços (consulte a seção Magia das cores no início deste capítulo), bem como energia reflexiva para irradiar sua intenção para o mundo. Você pode usar purpurina da mesma cor de sua vela para dar suporte extra ou usar outra cor se quiser adicionar outra camada de intenção ao seu feitiço. Brilhos e confetes podem até adicionar outros elementos que você vai poder "ler" quando o feitiço for concluído (consulte o capítulo 11 para obter mais informações sobre como ler cera de vela).

Lembre-se de que, embora possa ser um ótimo complemento para os feitiços das velas, a maioria dos glitters e confetes é feita de microplásticos, que são um tanto problemáticos, pois aumentam o problema de poluição e podem acabar nos oceanos e na terra, onde podem ser engolidos por animais ou levar milênios para se decompor. E, embora o confete de papel possa parecer uma boa alternativa ao plástico, tendo a evitar de usá-los em feitiços de vela, porque o papel pode pegar fogo e criar fumaça e riscos de incêndio.

Mas há boas notícias. Se estiver disposto a procurá-los, existem várias alternativas que o deixarão "brilhar" com seu feitiço e ainda permanecer ecologicamente consciente. Você pode usar glitter biodegradável (às vezes chamado de ecoglitter) feito de celulose (um produto vegetal), mica em pó ou flocos de mica (um mineral natural), glitter de vidro, contas de vidro, strass de vidro de fundo plano, cristais triturados, purpurina comestível ou a bala confete (que é feita de açúcar e pode ser ótima em doces encantamentos de amor), ouro verdadeiro ou folha de ouro ou prata (feita de cobre e de alumínio). Todos eles são menos prejudiciais ao meio ambiente e ainda podem trazer um brilho incrível à sua magia.

Para usá-los em seu trabalho de feitiço, aplique óleo em sua vela e polvilhe-a com glitter para fazê-la brilhar. Você pode também adicionar uma pequena pitada de glitter no topo de uma vela de vigília para trazer um pouco de magia de cor extra.

## Tesouras, aparadores de pavio e pinças

Ao acender uma vela, o comprimento ideal do pavio deve estar entre 6 mm e 12 mm. Um pavio mais longo produz fuligem e fumaça, a chama é mais quente, a queima é mais rapida, seus pedaços queimados se acumulam na poça de cera e podem pegar fogo.

É possível aparar o pavio de uma nova vela em um comprimento aceitável com uma tesoura antes de queimar, mas eles são um pouco complicados de usar enquanto a vela está queimando (especialmente se estiver trabalhando com um pote ou com uma vela de vigília). Em vez disso, use um aparador de pavio, uma tesoura especial que permite que um pavio seja aparado no comprimento ideal, mesmo se estiver no fundo de um vidro de vela de vigília. A forma como os cortadores de pavio são moldados também pega as peças aparadas para que não caiam na cera e criem um risco de incêndio.

Aqui está uma dica útil para Bruxas: se for aparar uma vela nova, guarde os pedacinhos extras do pavio não usado para que possa usá-los como auxiliares para uma vela que tem um pavio que se perde ou é muito curto (no capítulo 11, veja o que significa se o seu pavio desaparecer e para obter informações sobre como fazer um pavio auxiliar).

Também é uma boa ideia ter um longo par de pinças (às vezes chamadas de "pinças de aquário") à mão para retirar pedaços de pavio caídos ou qualquer material extra que possa cair na vela. As pinças também são úteis para retirar pavios que se "afogaram" no excesso de cera e para apagar as chamas das velas em vez de soprá-las. Pinças também podem ser usadas para acender carvão de incenso sem queimar os dedos. Encontre-as em lojas de materiais para aquários ou on-line.

## Pregos, alfinetes, gravadores de cera e ferramentas de entalhe

O trabalho com feitiços requer que você às vezes brinque com algo afiado. No caso das velas, pregos e alfinetes serão muito úteis. Unhas grandes são úteis para inscrever palavras e nomes nas velas. Essas ferramentas podem se tornar ainda mais especiais para o seu trabalho com feitiços. Por exemplo, pode usar grandes pregos de latão, de cobre e de ferro para inscrever em suas velas e trazer todo o poder mágico desses metais.

Algumas pessoas usam alfinetes para escrever em velas, mas eles são realmente muito finos, difíceis de controlar e frágeis para arranhar a cera dura sem dobrar. No entanto, os alfinetes são ferramentas perfeitas para marcar divisões nas velas durante feitiços de vários dias. Pode usar alfinetes retos com cabeça de vidro colorido para marcar segmentos de velas, mas alfinetes simples funcionarão da mesma forma.

Os pinos também concentram poder. Pense em um alfinete marcando um ponto no mapa. Use um alfinete como uma mini varinha mágica para apontar para uma área em uma vela figurativa, onde você gostaria de fazer alguma mudança ou enviar um pouco de energia concentrada. Muitas pessoas pensam que usar alfinetes dessa forma é como usar alfinetes em uma boneca vodu para fazer mal a alguém;

embora você certamente possa usar esses pontos focais dessa maneira, também pode usá-los para fazer o bem. Tudo depende da sua intenção. Por exemplo, use um alfinete com uma cabeça rosa enfiada no coração para fazer alguém sentir mais amor.

Os entalhadores de cera são ferramentas especiais usadas apenas para esculpir em cera. Eles se parecem com lápis de metal e têm pontas afiadas em uma ou nas duas pontas. A vantagem para o entalhador é que eles são fáceis de segurar e escrever. Você pode encontrar aqueles feitos intencionalmente como ferramentas mágicas, que podem adicionar um pouco de energia extra a um feitiço.

Se você gosta de entalhar símbolos e sigilos na lateral de suas velas, as lojas de materiais de arte vendem muitas ferramentas que podem ser usadas para entalhar e inscrever. Tente trabalhar com facas de linóleo, agulhas de gravação ou uma caneta para uma variedade de espessuras e detalhes de linha.

## Facas e ferramentas para velas

As facas são úteis para esculpir velas. Você pode cortar o excesso de cera em uma vela grande se o pavio queimar no centro ou cortar canais nas laterais se a cera se acumular no centro. Pode também usar facas para cortar a parte superior de uma vela reversa e esculpir uma nova parte superior da parte inferior, para que possa virar a vela de cabeça para baixo, conforme descrito na seção sobre velas de dupla ação, no capítulo 10.

Uma ferramenta de vela é um instrumento longo de metal do tamanho de um lápis, com uma das extremidades apresentando um sulco pontiagudo e a outra uma pequena concha, quase como uma colher de sorvete pequena. Ferramentas de vela são usadas para esculpir o excesso de cera ou cortar canais em velas pilares como uma faca, mas seu brilho está na ponta da concha, o que permite esculpir a cera em torno de um pavio apagado sem cortar o pavio, para que você possa reacender velas que já foram apagadas.

## Chaves de fenda, furadores, picador de gelo, hashi de metal e agulhas de tricô de metal

Uma ferramenta afiada, como uma chave de fenda, um furador, um picador de gelo, um hashi de metal ou uma agulha de tricô de metal será útil para enfeitar e abençoar as velas de vigília. Com esses objetos longos e pontiagudos, você pode fazer furos no topo de uma vela de vigília para enfeitá-la, colocando uma gota de óleo em cada furo. No caso do hashi ou da agulhas de tricô, os de metal são necessários, porque muitos dos que são feitos de madeira ou plástico quebram facilmente com a força de fazer os furos. Esses objetos longos e pontiagudos também são úteis se tiver que fazer um buraco para adicionar um novo pavio a uma vela em que o pavio desapareceu. Em suma, eles também podem ser usados como entalhadores.

## Adesivo para velas de cera macia, fixadores e apontadores de velas[5]

Se você já trabalhou com velas cônicas, deve perceber que não existe um tamanho padronizado para velas e castiçais. As vezes as velas podem ser muito grandes ou muito finas para um castiçal, ou os castiçais podem ficar muito apertados ou muito largos. O resultado é uma vela cônica que tomba. O que uma Bruxa deve fazer? Existem muitas ferramentas e materiais que ajudam a encaixar velas cônicas em castiçais.

O adesivo para velas (*candle adhesive*) é uma cera macia e pegajosa, que mantém a vela firmemente no castiçal ou preenche as lacunas quando a vela é muito fina para o seu castiçal. O adesivo para velas vêm em rolos, latas ou em pontos de cera em uma folha.

---

5. N. do T.: podem ser encontrados em sites como Ebay, Amazon, ou no site da autora, www.parlourofwonders.com

Fixador de vela ou *candle snuggers* são círculos de espuma que podem ser colocados na base de um castiçal para preencher a lacuna quando o ajuste é frouxo. Já os *candle grips* são elásticos de borracha estriada que circundam a base da vela para se encaixar perfeitamente no castiçal.

Os apontadores de vela, que são como grandes apontadores de giz de cera, podem ser usados para diminuir a base de uma vela para que ela possa caber em um castiçal muito apertado.

## Extintores de incêndio, bicarbonato de sódio, areia e tampas de panelas

Se você está acendendo velas em casa, é sempre uma boa ideia ter um extintor de incêndio, bicarbonato de sódio ou um balde de areia disponível se a chama sair do controle. Embora seu instinto possa ser usar água para extinguir uma vela danificada, isso pode piorar o fogo – quando a cera derretida é mergulhada na água, pode criar uma perigosa bola de fogo conhecida como *fogo de cera*. A melhor opção é usar um extintor classificado para incêndios com gordura (classe B, K ou ABC) ou uma caixa grande de bicarbonato de sódio ou balde de areia para apagar o fogo. Você também pode apagar um incêndio menor com uma tampa de frigideira.

# 3

# Palavras Mágicas

As palavras são uma parte importante de qualquer feitiço. Elas são o elemento de comunicação e nos ajudam a esclarecer ideias e compartilhá-las com outras pessoas, sejam faladas em voz alta ou escritas. No trabalho de feitiço, "outros" podem ser pessoas com quem estamos fazendo nosso trabalho de feitiço ou divindades, Espírito, o Universo, guias espirituais ou mesmo nosso Eu Superior.

Uma das partes mais poderosas de um feitiço de vela são as palavras que são usadas. Escrever suas intenções em papel de petição e verbalizá-las em voz alta significa definir a direção de seu feitiço.

## Pré-escrevendo as palavras do feitiço perfeito

Você já teve a experiência de falar antes de esclarecer completamente seus pensamentos? Em casos assim, embaraçamo-nos com as palavras e talvez (com sorte) cheguemos a um ponto em que comunicamos o que queremos dizer. Mas se reservarmos um tempo para planejar nossas palavras com antecedência é mais provável que cheguemos ao ponto sem confusão desnecessária.

Planejar o que falar também é ótimo para feitiços. Não queremos ficar tropeçando nas frases certas quando poderíamos estar colocando essas palavras no papel ou falando em voz alta com autoridade.

Antes de começar com sua petição ou feitiço falado é útil anotar sua intenção para obter clareza. Pegue um pedaço de papel rascunho e simplesmente escreva seus desejos ou intenções no fluxo da sua

## 62 | O Livro da Magia das Velas

consciência para o feitiço. Ao escrever, certifique-se de aumentar sua intenção ao nível mais alto. Portanto, se você está escrevendo um desejo, faça-o com um pedido bem grande, não medíocre.

Escreva o que espera alcançar e vá um pouco mais fundo. Você tem medo de sua magia? Preocupa-se que seu feitiço não vai se manifestar ou se fará algo errado? Tem dúvidas de que seu encantamento pode se tornar realidade? Quais são os sentimentos subjacentes que você acha que realizar o seu desejo resolverá? Essas são as coisas que seria ideal explorar na sua pré-escrita. Escreva tudo e coloque seus pensamentos, crenças e sentimentos pra fora, para que possa confrontá-los e transformá-los. Dê a si mesmo bastante tempo para se concentrar em seus sentimentos e permitir que tudo o que está pensando sobre o assunto venha à tona. Se sua escrita serpenteia para outras áreas, tudo bem. Este é o estágio de pré-escrita de forma livre, então o que quer que saia está bom, porque será editado mais tarde.

Primeiro, comece escrevendo sobre o problema que está tentando resolver por completo. Apenas escreva todos os seus pensamentos, sentimentos e ideias como se estivesse descarregando seu problema para um amigo próximo. Um exemplo dessa escrita de forma livre pode ser parecido com isto:

Eu gostaria de conseguir outro emprego. Meu trabalho é muito estressante. Odeio o que faço e gostaria de apenas sair e encontrar outra coisa. Sinto-me oprimido pelas tarefas que me dão e continuo cometendo erros. Talvez eu pudesse começar meu próprio negócio paralelamente e nunca mais ter de ir trabalhar novamente. Isso seria incrível. Eu odeio ir trabalhar. Não é que eu odeie o trabalho, gosto de fazer as tarefas, mas meu chefe está me fazendo sentir que não sei o que estou fazendo. Ele não dá tempo suficiente para terminar os projetos e, definitivamente, tudo tem que ser feito do seu jeito. Ele não vai me deixar descobrir um sistema que funcione para mim. Apesar de ser muito legal com alguns dos funcionários, ele é muito crítico comigo e com alguns outros. Parece que está realmente escolhendo seus favoritos e deixando aqueles que são seus amigos fugirem mesmo que cometam um grande erro, enquanto comigo ele é exigente com cada pequeno detalhe.

Eu gostaria de poder trabalhar em outro lugar, mas há tantas coisas neste trabalho de que gosto. Tenho bons amigos aqui, eles são flexíveis com meu horário e é tão perto de casa. O salário é muito bom e também seria bom ter esse cargo no meu currículo por alguns anos, então não quero ter de sair e pegar outro emprego agora só por causa dele. Mas ele está fazendo do meu trabalho e da minha vida algo insuportável. Eu só queria ter um chefe diferente, mas ele está nesta posição há anos e não vai a lugar nenhum. Ele não é um idiota total. Quando o vejo sendo amigável com os outros, parece muito bom e meus colegas de trabalho parecem gostar dele muito bem. Isso não é justo. Talvez se ele fosse apenas mais legal comigo ou tivesse uma opinião melhor sobre mim, as coisas seriam melhores. Se ele fosse tão legal comigo quanto é com os outros, eu sinto que tudo mais se encaixaria e eu poderia finalmente gostar do meu trabalho.

No exemplo, a pessoa começou com a ideia de que queria arrumar outro emprego, mas no final percebeu que o problema não era o emprego em si, mas o patrão. Se o chefe parasse de ser tão duro com ela, o trabalho seria muito bom. Se a pessoa não tivesse tido tempo para escrever as coisas, ela poderia ter feito um feitiço para um novo emprego, mas a escrita livre a ajudou a perceber que o trabalho não era o problema. O feitiço deve se concentrar em que o chefe tenha uma atitude melhor em relação a ela.

Depois de ter escrito por vários minutos ou uma página ou duas de seus pensamentos, vai estar pronto para voltar e encontrar as palavras precisas que eventualmente se tornarão seu papel de petição.

## Escrevendo seu documento de petição

Pegando as palavras de sua pré-escrita, agora você pode refiná-las e moldá-las em sua petição. Um papel de petição é um desejo ou intenção por escrito, que diz sobre o que se trata o seu feitiço. Ele pode ser usado como um feitiço simples por si só ou adicionado a outros itens mágicos para dar uma direção à sua magia. Os papéis da petição esclarecem o foco do feitiço e fortalecem sua intenção. Um papel de petição básico é simplesmente o texto conciso do que deseja que seu feitiço faça.

Quando você está fazendo um acordo formal com outra pessoa, geralmente redigimos um contrato para se certificar de que todos tenham o mesmo objetivo e que não há mal-entendidos. Os contratos escritos também definem a seriedade do acordo. Gosto de pensar em um papel de petição como um contrato com o Universo. Você está esclarecendo sua intenção para si mesmo e para o Universo, e também está se comprometendo e dizendo que está falando sério sobre querer que seus desejos se tornem realidade. Um contrato não é para as pessoas que estão "em cima do muro". Quando você escreve uma petição, está mostrando ao Universo que tem uma intenção séria e focada.

Como um bom contrato, um papel de petição deve ser focado e preciso. Por estar trabalhando em uma manifestação, deve manter seu papel de petição positivo – isto é, escreva o que quer em vez do que não quer. Existem algumas razões: se disser o que não quer, isso deixará uma série de opções para o que pode acontecer. Se escrever: "Não quero um caminhão velho", o que significa? Isso pode significar que você quer um novo caminhão, um carro ou até mesmo nenhum deles. Há muito espaço para interpretação. Da mesma forma, quando diz o que não quer, está na verdade colocando seu foco nisso. Por um pensamento fugaz, isso não é um problema, mas se você está intensamente focado naquele velho caminhão indesejável, está colocando sua atenção no lugar errado.

Para fazer uma petição realmente sólida, um ótimo lugar para começar é voltar à pré-redação que fez e começar a editá-la. Primeiro, comece a riscar todas as palavras ou frases que não estejam focadas no objetivo final. Se você saiu para outras áreas que não têm nada a ver com seu objetivo, risque-as imediatamente.

Em seguida, olhe para as palavras negativas que expressam seus medos ou aquilo que não quer, risque-as e reescreva-as como positivas. Se você escreveu: "Não quero um emprego que pague um salário mínimo", escreva o que quer: "Desejo um emprego que me paga X valor por ano". Riscar as palavras e reescrevê-las neste estágio é uma parte poderosa do seu feitiço. Você está reconectando seu cérebro para transformar o foco negativo em positivo. O ato de riscar exclui a negatividade e reescrever cria um novo caminho positivo para que sua intenção flua.

Agora é hora de ir direto ao ponto: pegue as palavras essenciais do seu feitiço e combine-as em frases curtas e precisas. Frases longas como: "Quando eu chegar ao fundo do poço, o que realmente quero é me sentir melhor, ter mais energia, poder subir escadas sem perder o fôlego, sentir que estou bem e ter uma boa aparência", podem ser transformadas em algo muito mais conciso "Ser e me sentir saudável". Às vezes os alunos me dizem: "Mas escrever apenas uma frase não transmite todas as outras coisas que eu quero – o aumento da energia, a sensação de bem estar, o fato de não perder o fôlego". Enganam-se, pois transmite sim tudo isso. Você o escreveu em seu rascunho, então sabe que a frase "Ser e me sentir saudável" transmite e inclui todos os detalhes de como acredita que será sua saúde perfeita.

Em seguida, tire o que eu chamo de "palavras fracas" que tornam seu feitiço insosso, ou você acha que o seu desejo é algo que está vindo do "futuro", seja lá de onde for! Em vez de escrever, "Atrairei o amante perfeito", torne-o mais contundente, "Eu atraio o amante perfeito". Em vez de "Quero um carro novo", diga "Tenho um carro novo", "Sou o orgulhoso proprietário de um carro novo" ou "O carro perfeito é meu".

Depois de determinar as palavras da petição é hora de fazer o rascunho final. Escolha um papel que seja bom para você. Alguns escrevem suas petições em papel pardo, outros em pergaminho e ainda outros em papéis coloridos especiais. Não existe um papel mais mágico ou poderoso do que qualquer outro; é uma questão de preferência pessoal.

Se estiver apenas começando a redigir papéis de petição, tente usar uma variedade de tipos diferentes para ver se gosta de trabalhar com um mais do que com os outros. Aqui estão algumas ideias para começar:

- Pergaminho
- Cartolina (branca ou colorida)
- Papel Kraft marrom (ou sacolas de papel reaproveitadas)
- Papel Sulfite (branco ou colorido)
- Papel Origami
- Papel Crepom
- Papel Vergê

## O Livro da Magia das Velas

- Papel Jornal (sem impressão)
- Papel-moeda (real ou jogo)
- Papel de presente
- Papel para copiadora
- Papéis artesanais
- Papéis decorativos
- Papéis de parede
- Postais
- Fotografias

Se puder escolher papéis que se relacionem com seu feitiço, tanto melhor. Papéis verdes ou dourados, por exemplo, podem ser usados para um feitiço de prosperidade. Papel artesanal, feito com pétalas de girassol embutidas, pode ser usado para um feitiço de fama e reconhecimento. Um papel que foi tocado por uma pessoa que você deseja atrair é ótimo para um feitiço de amor.

Pode também escolher uma tinta colorida que apoie sua intenção ou, se quiser ficar muito sofisticado, uma tinta que foi infundida com ervas ou resinas que apoiam sua intenção. Um exemplo disso é a Tinta Sangue de Dragão, que é feita com resina da árvore do dragão e traz consigo a magia da proteção, do amor e da prosperidade.

## Tipos de documentos de petição

Existem muitos estilos de documentos de petição, desde simples a bastante elaborados. Porém, complexo nem sempre significa melhor. Experimente vários deles e veja quais são mais inspiradores para você.

**Petição nº 1:** o papel de petição mais fácil é simplesmente escrever suas palavras de poder como se estivesse escrevendo uma nota. Esta é minha forma favorita de petição, por sua energia direta e sem confusão. Em letras cursivas ou impressas, escreva sua declaração curta em uma ou duas frases positivas poderosas. É isso!

Palavras Mágicas | 67

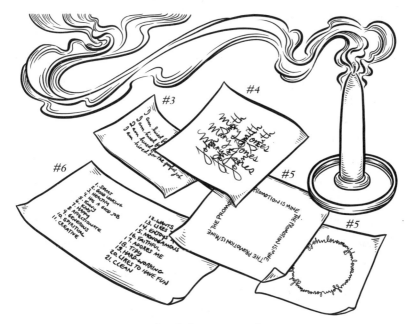

*Exemplos de documentos de petição*

**Petição nº 2:** escreva sua sentença de poder e adicione símbolos que combinem com sua intenção. Por exemplo, você pode desenhar corações nos quatro cantos de um papel de petição de feitiço de amor ou cifrões ao redor de uma petição de prosperidade. Verifique o tópico sobre símbolos neste capítulo ou o apêndice V para inspiração.

**Petição nº 3:** escreva suas palavras poderosas um certo número de vezes. O capítulo 8 o ajudará a selecionar números mágicos que apoiem sua intenção ou você pode seguir um caminho mais tradicional e escolher três, sete, nove, onze ou treze vezes. Escreva sua frase repetidamente, cada frase empilhada em cima da outra. Por exemplo, pode escrever "Fui contratado para o trabalho perfeito" quatro vezes, um sobre o outro, já que o número quatro enfatiza a estabilidade duradoura da sua carreira.

**Petição nº 4:** outro método de redigir uma petição é escrever sua declaração de poder e depois virar o papel 90 graus para a direita. Com sua declaração original agora na vertical, escreva seu nome sobre ela horizontalmente, de forma que pareça uma cruz. Esse tipo de trabalho é perfeito para quando o poder pessoal está relacionado ao problema em questão. Por exemplo, em certas situações, as pessoas escrevem o nome de seu alvo e, em seguida, giram o papel até que o nome fique na vertical. Depois escrevem seu próprio nome sobre o nome da outra pessoa para ter controle sobre ela.

Uma variação disso é escrever o seu problema ou o nome do alvo um certo número de vezes (conforme descrito no exemplo 3), virar o papel para que os nomes fiquem na vertical e, em seguida, escrever o seu nome o mesmo número de vezes sobre o nome da outra pessoa, ficando parecido com uma grade. Isso é perfeito para feitiços em que deseja ter algum controle extra sobre uma pessoa ou situação.

**Petição nº 5:** escreva suas palavras de maneira que apoie a intenção. Consulte o tópico *formas e símbolos* no capítulo 9 para ter ideias. Se quiser garantir um compromisso para toda a vida, por exemplo, pode escrever palavras como "João ama Maria" repetidamente na forma de um círculo. Ou, se quiser construir uma carreira forte, pode escrever "A promoção é minha" quatro vezes como quatro lados de um quadrado. Um método antigo de escrever palavras de petição em forma é escrever em cursivo, não levantando a caneta do papel e ligando o final da última letra e o início da primeira para que as palavras formem um *loop* sem fim. Embora um círculo seja tradicional, essa escrita vinculada pode ser feita em qualquer forma. A chave mais importante para este tipo de escrita é que você não pontuou os "is" ou cruzou os "ts" até depois de vincular as letras principais.

**Petição nº 6:** um dos meus papéis de petição favoritos é o que chamo de *Magic 21*. Esta petição é simplesmente uma lista das vinte e uma qualidades do emprego / parceiro / perfeito relacionamento / casa / qualquer coisa. Escrever uma lista de vinte e um incorpora uma numerologia complexa que cria manifestações poderosas e a realização de seus maiores sonhos e desejos. Liste suas 21 principais qualidades daquilo que deseja, sem mencionar especificamente uma pessoa em particular, cargo, local de trabalho, endereço, etc.

## Colocando seu papel de petição

Após escrever o papel da petição, pode ser necessário dobrá-lo para torná-lo do tamanho certo para colocar sob o castiçal ou bandeja. Se o objetivo do seu feitiço é trazer algo para você, dobre o papel em sua direção. Se precisar dobrá-lo uma segunda vez, gire o papel no sentido horário e dobre-o novamente em sua direção. Se o seu trabalho é banir, eliminar ou reduzir algo, dobre o papel para longe de você e gire no sentido anti-horário para dobrar novamente. Depois, coloque o papel dobrado embaixo do prato, bandeja ou suporte para velas. Algumas pessoas também gostam de colocar os papéis da petição entre a vela e o suporte ou bandeja. Na verdade, isso não acrescenta nenhum benefício e não é o método mais seguro, porque o papel pode pegar fogo. Colocar o papel longe da chama é mais seguro e confere o mesmo poder que colocá-lo em contato com a vela.

# Feitiços Falados

Escrever as palavras do feitiço em um papel de petição é o lugar perfeito para focar sua magia e intenção, mas o ato de pronunciar essas palavras em voz alta adiciona compromisso ao seu resultado. Quando você está fazendo um feitiço de vela, é natural querer dizer algo enquanto acende sua vela, reafirmando a intenção de seu feitiço no momento em que o desencadeia.

## Palavras de feitiço simples

Existem algumas maneiras diferentes de pronunciar as palavras do feitiço. O mais fácil é simplesmente repetir as palavras em seu papel de petição. Se você escreveu: "Eu tenho um lindo carro novo", pode falar essas mesmas palavras enquanto acende a vela. A chave é dizê-las com poder. Não diga "Eu tenho um lindo carro novo?" com sua voz subindo hesitantemente com um tremor inseguro e trêmulo. Diga "EU TENHO um lindo carro novo!" com poder e força. Não precisa necessariamente gritar; até um sussurro pode ser poderoso se houver convicção por trás dele. Basta dizer como se já tivesse. Aja como se o carro já estivesse aqui e você contasse a alguém com entusiasmo.

## Palavras de feitiço improvisadas

Você também pode falar espontaneamente sua intenção com as palavras que fluem naturalmente de você. Por exemplo, pode dizer algo como: "os portões do Universo se abrem e o carro novo perfeito para mim chegou", "tenho um carro novo que gosto de dirigir e que me mantém seguro" ou "posso pagar por este carro facilmente."

Quaisquer sentimentos positivos que tenha sobre este carro e o processo em que ele chega até você podem ser incluídos nessas palavras de feitiço no estilo fluxo de consciência.

## Rimando palavras de feitiço

Outra maneira de criar palavras de feitiço falado é elaborar dísticos rimados. Para este método, você vai precisar de alguns pedaços de papel, um para rascunhar e outro para seu dístico final.

No papel de rascunho, escreva várias palavras-chave relacionadas ao seu feitiço. Se estiver procurando por palavras-chave, pode consultar sua escrita livre original ou sua petição, ou pode criar um novo conjunto de palavras-chave relacionadas ao seu feitiço. Por exemplo, pode escrever as palavras: carro, novo, rodas, estrada, viagem, seguro, confortável, rápido, luxuoso e assim por diante.

O próximo passo é pegar algumas dessas palavras e encontrar rimas para elas (se tiver dúvidas, pode sempre consultar um dicionário de rimas on-line). Assim, para "carro", podemos usar as palavras que rimam, como jarro, navarro, barro, sarro, etc. Para "estrada", podemos usar as palavras escada, lombada, pousada, chegada, dourada, etc. Para "viagem", encontramos o elenco, triagem, maquiagem, estiagem, esquiagem, e por aí vai.[6]

Depois de ter as rimas para suas palavras-chave, escolha aquelas que fazem mais sentido e parecem fluir com a vibração do seu feitiço e crie um dístico que tenha um bom ritmo.

Eu conheço o feitiço, eu conheço o código
Para levar para a estrada o filho pródigo.

---

6. N. do T.: as palavras foram adequadas às rimas do nosso idioma.

Os dias do meu carro velho chegou ao fim
Isso foi tudo pra mim.

Com meu carro novo me movo com segurança e rapidez
A Deusa me deu um carro novo com altivez.

Isso vai me levar muito adiante
Com esse carro eu sou um gigante.[7]

As palavras do feitiço não precisam ser poesias de alto nível como as de Shakespeare; afinal, ninguém vai ouvi-las além de você. No entanto, essa é uma forma surpreendente e divertida de uma Bruxa expressar essas intensões em seu feitiço falado, falar em dísticos rimados funciona muito bem.

## Três frases de poder que potencializarão seu feitiço

Depois de ter suas palavras formuladas perfeitamente com todo o seu poder, recomendo adicionar o molho secreto ao seu feitiço – três frases que você pode adicionar às palavras do feitiço para realmente abrir seu poder.

A primeira a marcar é: "... ou algo ainda melhor" de acordo com sua intenção. Por exemplo, "Eu faço um álbum que chega a Disco de Platina ou algo ainda melhor". Esta frase é perfeita no processo de lançamento de feitiços, porque permite um espaço de manobra para que haja um resultado ainda melhor do que está imaginando, como seu disco atingindo o Platina Triplo!

A segunda é incluir a frase "O resultado perfeito no momento perfeito". Ao incluir isso em suas palavras de feitiço estará abrindo sua magia para que as coisas cheguem na hora certa – nem muito cedo, nem muito tarde. Eu acho também que repetir esta frase mesmo depois que seu feitiço terminar pode acalmá-lo quando estiver se sentindo impaciente ou preocupado que as coisas não estejam se movendo.

A terceira frase é um pouco mais complexa, mas permitirá que você realmente entre no seu fluxo em direção ao seu melhor resultado:

---

7. N. do T.: o poema foi adaptado para a realidade e rima da nossa língua.

72 | O Livro da Magia das Velas

"Uma porta fechada é tão boa quanto uma porta aberta". O que isso significa é que, se estiver tentando algum resultado específico e ele não aparece, existem outras opções. Você será capaz de encontrar paz sabendo que a opção UM (aquela que não aconteceu) não é tão boa quanto a opção DOIS, TRÊS, QUATRO ou CINCO.

Quando pensar no seu resultado, imagine que é como se o Universo estivesse lhe dando uma festa incrível. Todas as suas pessoas favoritas estarão lá com a música perfeita, comida e bebida deliciosas, e será realizada em uma suíte na cobertura de um hotel chique (para que não precise limpar depois!). O problema é que você recebeu uma chave, mas não sabe qual é o quarto. Seu trabalho é tentar cada porta da cobertura até que uma se abra. As portas fechadas não o estão impedindo de aproveitar a sua festa; na verdade, muito pelo contrário: aquelas portas fechadas estão apenas lhe dizendo: "sua festa não é aqui." Não é nada pessoal e não é como se você estivesse perdendo alguma coisa por trás dessas outras portas.

O lugar onde esse tipo de consciência é útil é quando você está tentando algo que tem muitas opções possíveis, que, verdade seja dita, é praticamente tudo na vida. Se estiver procurando o amante perfeito, o emprego ideal, um novo apartamento e assim por diante, provavelmente encontrará algumas portas fechadas ao longo do caminho. A frase "uma porta fechada é tão boa quanto uma porta aberta" ajuda você a não ficar preso nessas portas fechadas. No caso de nossa analogia com a festa, se tentasse sua chave e a porta não abrisse, simplesmente seguiria em frente – não levaria um aríete para derrubar a porta nem desabaria no chão a chorar.

Você pode se sentir mal momentaneamente, porque o emprego "perfeito" não apareceu ou a pessoa desejada não estava interessada, mas o objetivo é se livrar disso, entender que há algo ainda melhor lá fora e não levar a porta trancada para o lado pessoal.

Essas três frases complementares irão mantê-lo em sua mais alta vibe mágica. Elas vão abrir espaço para opções melhores e ajudar na sua confiança nesse momento, e ainda vai fazer você se lembrar de que sempre há outros resultados possíveis (talvez até melhores).

# Símbolos, selos e sigilos

As ideias não precisam ser expressas apenas por palavras. Símbolos, selos e sigilos são maneiras lindas, pessoais e, às vezes, secretas de transmitir a intenção mágica e definir o foco do seu feitiço sem proferir nenhuma palavras. Embora ligeiramente diferentes um do outro, o que todos eles têm em comum é que as imagens, ao invés de palavras, representam a intenção do feitiço. Eles podem ser desenhados em um papel de petição, inscritos na cera da vela ou desenhados na lateral de um castiçal de vidro com uma caneta de tinta ou marcador permanente.

## Símbolos

Os símbolos são imagens que representam um conceito. Podem ser escritos em papéis de petição ou podem ser recortados na forma desenhada. Símbolos podem ser esculpidos na superfície de uma vela, estampados em cera para fazer um talismã, colocados ao lado do feitiço da vela ou incorporados ao layout da vela (consulte o capítulo 9 para obter mais informações sobre layouts). Eles também podem ser desenhados em um castiçal de vidro com uma caneta de tinta ou marcador permanente (canetas de tinta são permanentes e marcadores permanentes podem realmente ser apagados... vai entender!).

### Exemplos de Símbolos

- Símbolos seculares (corações, estrelas, cifrões, etc.)
- Símbolos religiosos (lua tripla pagã, símbolos vodu, cruz cristã, Estrela de David judaica, etc.)
- Runas e *Bind Runes*[8]
- Hieróglifos egípcios
- Símbolos alquímicos
- Símbolos planetários
- Símbolos do zodíaco

---

8. N. do T.: *Bind Runes* são símbolos rúnicos criados a partir de duas ou mais runas com um propósito mágico de se concretizar um desejo do Bruxo.

74 | O Livro da Magia das Velas

*Exemplos de símbolos, selos e sigilos*

## Selos

Os selos são designs mágicos formais que foram usados por séculos para invocar espíritos ou garantir certos resultados. Incorpore selos ao seu trabalho, comprando-os impressos individualmente em papel vegetal, copiando-os de um livro ou imprimindo-os da Internet. Dito isso, o método mais poderoso de trabalhar com esses talismãs mágicos é copiá-los à mão.

Nos últimos anos, selos foram impressos em papel pergaminho (um papel semitranslúcido que parece pergaminho real ou um pergaminho feito de pele de carneiro), então, se estiver imprimindo ou fazendo o seu próprio selo, pode seguir esta tradição ou trabalhar da maneira recomendada pela referência que está usando.

### Exemplos de selos

- Selos de Salomão
- Selos de Moisés
- Quadrados mágicos de Abramelin
- Selos planetários
- Selos angelicais
- Sigillum Dei Aemeth, de John Dee

## Sigilos

Representações mágicas e simbólicas pessoal de um resultado desejado para um feitiço, os sigilos geralmente são criados pelo praticante de magia através da fusão de letras (ou às vezes imagens) em um desenho pessoal único, embora seja possível usar sigilos que outros criaram para propósitos genéricos.

Para fazer um sigilo, escreva sua intenção em uma frase. Risque todas as vogais e, em seguida, risque quaisquer consoantes duplicadas para que haja apenas uma de cada consoante. Com essas letras restantes, combine-as de forma estilística para fazer um símbolo.

# 4

# Personalize suas Velas de Feitiço

Quando você pensa em magia de vela, provavelmente pensa em pegar uma vela e prepará-la ou alterá-la magicamente de alguma forma antes de acendê-la para seu feitiço. É disso que tratam os capítulos seguintes.

Uma das coisas adoráveis sobre a magia da vela é que ela pode ser tão simples ou tão elaborada quanto quiser – você pode adicionar apenas uma ou duas coisas ou pode fazer seu feitiço com várias camadas e nuances. Existem tantas coisas que podem ser usadas para fazer um feitiço, e tantas outras diferentes que podem ser utilizadas para adicionar poder a um feitiço.

Se estiver apenas começando, não caia na armadilha de pensar que tem que usar todos os elementos ou que um feitiço supercomplicado é mais eficaz do que um simples. O que se segue são simplesmente opções para você experimentar e explorar.

Vou deixar aqui instruções para todas as maneiras pelas quais você pode adicionar energia e magia a uma vela antes de acendê-la. Nas instruções dos capítulos a seguir, você pode executar apenas algumas das etapas para um efeito mais sutil ou ir com tudo, executando todas as etapas para ter um efeito mais efetivo – você decide.

## Vestindo uma vela com óleo

Quando estiver pronto para adicionar algum poder extra a sua magia com velas, pode fazer isso adicionando um pouco de magia à base de ervas aos seus feitiços. Ervas e óleos essenciais são apenas duas das ferramentas que gosto de chamar de "aliados mágicos". Qualquer coisa que adicionarmos ao nosso trabalho de feitiço para alinhá-lo mais com a nossa intenção – cores, números, horários, papéis de petição e, é claro, ervas e óleos essenciais – ajudarão a manter nosso foco, mesmo que nos preocupemos com o resultado.

Às vezes, temos uma intenção clara sobre o que queremos quando começamos o nosso feitiço, por exemplo "Estou saudável" ou "Eu tenho um lindo novo amor em minha vida". Podemos sair do portão com essa forte intenção positiva, mas então nosso ego ou, às vezes, até mesmo amigos e familiares "bem-intencionados" entram para estragar o show. "E se a sua doença for incurável?" "Você está muito velho para encontrar o amor" e todos os tipos de comentários "úteis" (isto é, nada úteis) vêm de um lugar de medo.

Manter essas intenções de vaivém nos impede de seguir pelo caminho rápido e fácil de nossos objetivos. É como se estivesse dando um passo para frente ("Eu posso ter essa coisa boa") e, em seguida, outro para trás ("Não é possível para mim ter essa coisa boa"). Um dos princípios básicos da magia é "assim acima como abaixo", que se traduz como "se você pode imaginar, pode manifestar". Se sua imaginação carece de foco, vacila ou está em todo o lugar, isso retarda sua manifestação, assim como dirigir por toda a cidade irá retardá-lo para chegar ao seu destino.

Quando trazemos nossos aliados mágicos, como as ervas e os óleos, a diferença é como entrar em uma festa sozinho, onde não conhece ninguém, ou entrar na mesma festa com uma comitiva de amigos. Mesmo que você se sinta preocupado ou com falta de confiança em relação à sua intenção, seus aliados manterão a energia avançando e podem até aumentar a confiança em seu trabalho espiritual.

Ervas e óleos essenciais formam uma excelente equipe para adicionar ao seu séquito mágico. As plantas têm energias e vibrações que podem apoiar suas intenções. Desde a mais antiga história escrita, encontramos registros de ervas sendo usadas para fins medicinais e mágicos. Por tentativa e erro, os povos antigos descobriram quais plantas eram úteis para certos fins mágicos e hoje existem livros inteiros dedicados ao uso de ervas e óleos mágicos. Todos os praticantes de magia devem ter pelo menos um desses livros como referência (alguns bons aparecem na bibliografia). Para referência rápida, há também uma lista de algumas ervas e óleos essenciais úteis e fáceis de encontrar e suas correspondências mágicas aqui neste livro, no apêndice I.

O primeiro passo para trabalhar com óleos e ervas é aplicar óleo na vela. Aplicar o óleo oferece uma excelente oportunidade para colocar seus desejos, intenções e energia na vela antes de acendê-la. Depois de fazer isso, pode optar por parar por aí ou pode aplicar ervas na vela ou borrifá-las ao redor dela. Pode também usar um óleo espiritual feito por outra pessoa ou criar o seu próprio. Se estiver comprando um óleo preparado, recomendo que use um que seja mais do que apenas uma fragrância. Certifique-se de que contêm alguns óleos essenciais. Como saber a diferença? Compre de um revendedor respeitável que lista pelo menos alguns dos óleos essenciais usados em sua receita. Frequentemente, esses óleos de alta qualidade podem ser mais caros do que aqueles feitos com fragrâncias baratas, então o preço pode às vezes (embora nem sempre) ser um bom indicador de qualidade. Além disso, se você pode ver pedaços de ervas, raízes ou flores reais no frasco e o óleo tem uma boa fragrância, é uma boa aposta que ele também tenha óleos essenciais na mistura.

Fragrâncias artificiais não são antimágicas – elas não funcionam contra a sua magia. Em geral, qualquer coisa pode ser imbuída e impressa com sua intenção. O que óleos essenciais e ervas (e pedras preciosas, conchas e qualquer outro item natural) trazem para a sua magia é o espírito útil da coisa natural. Você pode pegar uma fragrância artificial de patchouli e impregná-la com a intenção de amar. Mas usar a substância real adiciona o benefício do poder do patchouli de atrair um amor profundamente apaixonado. Pense nas fragrâncias como robôs que pode programar e nos artefatos naturais como seres vivos que possuem um espírito útil e personalidade própria.

Sempre que trabalhar com óleos essenciais, deve diluí-los antes de aplicá-los na pele ou em uma vela. Alguns óleos essenciais são inflamáveis e a maioria irrita a pele em sua forma não diluída. Use algum óleo carreador para diluí-lo, como óleo de amêndoa-doce, de jojoba ou de caroço de damasco em uma proporção de cerca de dez partes de óleo carreador para uma parte (ou menos) de óleo essencial. Um pouco vai longe.

É muito divertido criar sua própria mistura de óleos essenciais e fazer isso é outra maneira de personalizar sua magia. Ao fazer sua própria mistura de óleo, torna-se possível saber exatamente o que nela contém e da qualidade dos produtos, além de colocar suas próprias intenções enquanto a cria. Para o seu primeiro óleo espiritual, recomendo mantê-lo simples: use apenas um ou dois óleos essenciais e algumas ervas secas. Conforme se torna mais experiente, pode experimentar criar misturas mais complexas.

Mesmo se estiver fazendo um óleo muito simples com apenas alguns ingredientes, sempre anote suas receitas exatamente como as criou. Um grimório ou livro de feitiços pessoal que contém suas receitas para referência futura é o lugar perfeito para armazenar essas informações (consulte o capítulo 14 para obter detalhes sobre como registrar seus feitiços em um grimório). Não há nada mais frustrante do que fazer um belo óleo que absolutamente concretize seus objetivos mágicos e, em seguida, ser incapaz de replicá-lo porque esqueceu o que colocou nele.

## Receita para um óleo espiritual básico

Você vai precisar de:

- Óleos essenciais
- Óleo transportador, como óleo de amêndoa-doce, óleo de jojoba, óleo de semente de damasco
- Óleo de vitamina E
- Ervas, raízes e flores secas adicionais
- Frasco de medida, de cor escura, para misturar e dispensar o óleo
- Grimório para gravar sua receita

1. Determine para que tipo de feitiço seu óleo será usado (amor, dinheiro, proteção, etc.) e reúna ervas e óleos essenciais mais indicados para esse feitiço. Adicione algumas pitadas de ervas secas ao seu pequeno frasco.

2. Em seguida, adicione algumas gotas de seu óleo essencial. Pode adicionar até 10 por cento (cerca de um décimo da garrafa antes

de ser enchida) ou mesmo apenas algumas gotas. Menos óleo essencial não significa menos energia.

3. Adicione uma gota de óleo de vitamina E para evitar que os outros óleos fiquem rançosos.

4. Adicione o óleo veicular e encha até o topo.

5. Tampe e agite o óleo para misturar. Enquanto está agitando o frasco, pode falar as palavras do que deseja que o óleo realize magicamente. Gosto de fazer isso como uma afirmação ou um canto.

6. Conforme o seu óleo envelhece, nas próximas semanas, ele começa a macerar (misturar-se) e a cheirar mais marcantemente e se torna mais harmonioso.

Esteja usando um óleo preparado por outra pessoa ou um de criação própria, agora você tem uma ferramenta que pode adicionar poder e nuances ao seu trabalho de feitiço. Aplicar um óleo em uma vela é chamado de *vestir a vela,* e é um ato simples que acrescenta ao seu feitiço mais apoio, foco e direção.

Você pode ver algumas variações sobre como aplicar o óleo em uma vela. Alguns dizem que é para vestir do centro até as pontas, outros dizem para segurar a vela horizontalmente com o pavio apontando para longe de você e vesti-la puxando o óleo em sua direção para as coisas que deseja trazer, e para longe para as coisas que deseja banir. Todas essas são maneiras boas e válidas de energizar uma vela, mas a maneira que prefiro é segurar a vela verticalmente e aplicar o óleo da base ao pavio para as coisas que desejo trazer, e do pavio para abase para coisas que desejo limpar. Experimente diferentes métodos de encantar sua vela, anote-os em seu grimório e mantenha o método que produz os resultados mais fortes e intuitivamente parecido com você.

Ao aplicar o óleo, segure a vela nas mãos e sinta sua energia entrando nela. Visualize seu bom resultado e diga o que gostaria que o feitiço realizasse. Agora é o momento perfeito para carregar sua vela com todos os seus desejos, intenções e energia. Uma vela só precisa ser preparada uma vez – antes de acendê-la pela primeira vez. Não precisa enfeitar sua vela ou adicionar óleo todos os dias; na verdade, adicionar mais óleo pode criar fumaça ou outros problemas.

O Livro da Magia das Velas

Depois de vestir sua vela, pode aplicar o óleo restante nas palmas das mãos e no corpo da mesma forma que aplicou na vela: use a direção ascendente (dos pés em direção à cabeça, pontas dos dedos aos ombros) para atrair algo e em direção descendente (da cabeça aos pés, dos ombros às pontas dos dedos) para afastar algo de você.

## Feitiço de vela com óleo

**Você vai precisar de:**

- Vela independente
- Bandeja, prato ou castiçal
- Óleo espiritual preparado
- Fósforos ou isqueiro

1. Despeje várias gotas de óleo espiritual em uma de suas mãos.
2. Esfregue as mãos enquanto se concentra na intenção do feitiço.
3. Segurando a vela à sua frente, visualize seu bom resultado e aplique o óleo nas laterais dela enquanto expressa sua intenção em voz alta.
4. Coloque a vela no suporte ou fixe-a em uma bandeja ou prato.
5. Se estiver usando uma bandeja ou um prato, aqueça a cera na base da vela com um fósforo. Pressione-o na bandeja para que fique em pé e não caia.
6. Fale as palavras do feitiço em voz alta novamente enquanto acende a vela.
7. Se o óleo que usou foi para criar algo positivo para você, trazendo algo desejado ou banindo algo indesejado, pode adicionar um link extra ao seu feitiço aplicando o óleo restante em sua pele.
8. Acenda a vela enquanto está em casa e acordado. Se sair de casa ou for dormir, apague a vela e acenda-a novamente quando puder ficar de olho nela.
9. Se sua vela queimar por mais de um dia, você pode, opcionalmente, aplicar algumas gotas do óleo em seu corpo nesses dias. Pode fazer isso antes ou depois de acender sua vela para torná-lo um mini ritual.

## Vestindo uma vela com ervas

Depois de dominar a arte de "vestir" a vela com óleo, você estará pronto para incluir ervas adicionais à mistura. Cada um desses elementos adiciona nuance e personalização ao seu feitiço. Se estiver fazendo um feitiço para o amor, pode começar com um óleo sensual de patchouli, se também quiser trazer um elemento de compromisso e amor verdadeiro, pode adicionar pétalas de rosa vermelha à mistura. Adicionar essas ervas dá ao seu feitiço mais profundidade e ajuda a obter o resultado exato que deseja.

Existem algumas maneiras de acrescentar a energia de ervas adicionais ao seu feitiço: criando uma mistura de óleo (misturando óleo de patchuli e óleo de rosa, por exemplo); adicionando ervas aos seus óleos (colocando pétalas de rosa no frasco de óleo de patchuli); vestindo a vela com óleo e salpicando ervas ao redor dela (vestindo a vela com uma mistura de óleo de patchuli e salpicando pétalas de rosa ao redor da vela) ou vestindo a vela com óleo e salpicando ervas secas nas laterais ou na parte superior da vela (vestindo a vela com óleo de patchuli e salpicando pétalas de rosa esfareladas na parte superior ou lateral da vela).

Há algumas coisas especiais a serem observadas aqui: raízes lenhosas e fibrosas, cascas e ervas pesadas e grossas são melhor usadas como adições a um óleo ou borrifadas em torno de uma vela. Os óleos são pegajosos o suficiente para que ervas em pó, ervas com folhas desintegradas e pétalas grudem em uma vela, mas não são pegajosos o suficiente para que raízes pesadas e grossas, cascas e pedaços de madeira se fixem. A lei da gravidade deve ser obedecida.

Além disso, um pouco é muito útil. Lembre-se de que as ervas são inflamáveis. Uma pitada minúscula de uma erva é tudo que precisa para a magia; será econômico e, o mais importante, não pegará fogo tão facilmente.

Há uma nota final importante sobre como trabalhar com ervas e óleos. Existem mais de 300.000 espécies de plantas no mundo, das quais apenas um punhado foi documentado em livros de magia. No entanto, todas as plantas são mágicas. Se achar que gostaria de se envolver diretamente com ervas, experimente passar algum tempo na natureza ou no jardim. Conecte-se com as plantas e árvores ao seu redor. Consulte um guia de campo e identifique-as. Olhe para a própria planta. Toque e cheire (a menos que seja venenosa!). Passe algum tempo com plantas e árvores e ouça o que elas têm a lhe ensinar. Você pode se sintonizar com novos e ainda não descobertos propósitos mágicos para as plantas que estão bem aí no seu quintal.

## Feitiço de vela com óleo e ervas

**Você vai precisar de:**
- Vela independente
- Bandeja, prato ou castiçal
- Óleo espiritual preparado
- Erva em pó ou ervas leves
- Ervas grossas e lenhosas
- Fósforos ou isqueiro

1. Despeje várias gotas de óleo espiritual em uma de suas mãos.
2. Esfregue as mãos enquanto se concentra na intenção do feitiço.
3. Segurando a vela em pé à sua frente, visualize seu bom resultado e aplique o óleo nas laterais da vela, enquanto expressa sua intenção em voz alta.
4. Se o óleo que usou foi para criar algo positivo, seja trazendo algo desejado ou banindo o indesejado, pode adicionar uma conexão extra ao seu feitiço aplicando o óleo restante em suas mãos sobre sua pele.
5. Polvilhe as ervas em pó ou com folhas na lateral ou no topo da vela enquanto declara suas palavras ou intenção do feitiço.
6. Coloque a vela no suporte ou fixe-a em uma bandeja ou prato.
7. Espalhe as ervas grossas e mais pesadas ao redor da base da vela, pronunciando as palavras do feitiço em voz alta.

8. Fale em voz alta seu desejo ou intenção pela terceira vez enquanto acende a vela.

9. Acenda a vela enquanto estiver em casa e vá ficar acordado. Se for sair de casa ou dormir, apague a vela e acenda-a novamente quando puder ficar de olho nela.

10. Se sua vela queimar por mais de um dia, pode, opcionalmente, aplicar algumas gotas do óleo em seu corpo nesses dias. Pode fazer isso antes ou depois de acender sua vela para torná-lo um mini ritual.

## Inscrever e decorar velas

Inscrever velas é outra maneira de adicionar um pouco de energia extra ao seu feitiço. A cera é um material macio, por isso não é muito difícil esculpir palavras ou símbolos de poder na lateral de uma vela, na base ou na lateral de uma vela figural, ou no topo de uma vela de vigília envidraçada para personalizar e fortalecer sua magia.

Qualquer coisa com um ponto pode ser uma ferramenta de inscrição. Em caso de emergência, até usei uma velha caneta esferográfica ou um lápis sem ponta para escrever. No entanto, existem muitas outras opções e algumas ferramentas que são melhores do que outras para inscrição. Usar uma ferramenta de inscrição mágica dedicada para suas velas vai impregná-la com um pouco mais de poder. As unhas também são uma alternativa útil ou pode escolher um metal que corresponda à sua intenção. Por exemplo, pregos de latão dourado podem ser usados para prosperidade e cura; pregos de cobre para o trabalho de amor e transferência de energia; ferro para aterramento, proteção e manifestação e níquel para resolução de problemas, justiça e capacitação. Se você gosta de trabalhar com espíritos que já faleceram, um "prego de caixão", feito de ferro forjado artesanalmente, pode ser usado para pedir ajuda ao reino espiritual.

Ao inscrever palavras em uma vela, é melhor estar focado e ir direto ao ponto – pense em palavras-chave e afirmações breves. Salve suas frases e histórias mais longas para suas palavras faladas ou papel de petição.

## Inscrever palavras horizontalmente na vela

Segurar a vela na vertical e inscrever no sentido horizontal traz estabilidade, equilíbrio e firmeza a um feitiço e faz uma declaração ousada. Use a escrita horizontal quando seu feitiço for para acalmar a energia, manter o *status quo* e agarrar-se ao que já possui. Quando se está conectando uma vela de figura humana a uma pessoa em particular para magia simpática, inscrever seu nome horizontalmente na base (logo abaixo de seus pés) conecta essa vela ao indivíduo. Alguns gostam de inscrever o nome completo da pessoa, outros gostam de inscrever o primeiro nome ou apelido. Em minha experiência, qualquer um dos métodos funciona para conectar energeticamente a vela à pessoa, porque o lançador do feitiço sabe quem é o alvo. Caso não saiba quem é seu alvo, por exemplo, um futuro amante que ainda não conheceu ou um inimigo desconhecido, você ainda pode inscrever algo que os indique, como "Meu verdadeiro amor" ou "Meus inimigos".

## Inscrever palavras verticalmente em uma vela

Inscrever uma vela verticalmente enfatiza o movimento e a mudança. É perfeito para feitiços diretos que funcionam no nível material, onde se deseja resultados imediatos. Inscreva indo direto da base ao pavio para algo que deseja trazer ou diretamente para baixo do pavio à base para algo que deseja limpar ou se livrar.

## Inscrever palavras ao redor de uma vela

Faça uma espiral ao redor da vela, como as listras em uma bengala de doce. Enrolar em volta da vela é bom para feitiços complexos, intenções espirituais, coisas que precisam ser "solidificadas" corretamente ou trabalhos que exigem a coordenação de muitas partes móveis. Enrole as palavras ao redor da vela subindo da base em direção ao pavio para algo que deseja trazer, ou descendo do pavio em direção à base para algo que deseja limpar.

Personalize suas Velas de Feitiço | 87

*Velas Pilares inscritas*

## Inscrever palavras ao contrário

A escrita reversa, também chamada de "escrita espelho", é usada para reverter feitiços e enviar a negatividade de volta à sua fonte. Nessa forma de escrita, as palavras estão ao contrário, mas aparecem legíveis quando colocadas em frente a um espelho. É um pouco mais difícil do que parece. Antes de inscrever em sua vela, recomendo praticar a escrita das palavras do feitiço ao contrário em um pedaço de papel e, em seguida, segurar o papel contra um espelho para ver se algo precisa ser consertado. Depois de escrever corretamente no papel, use a guia e copie as letras na lateral da vela. Geralmente, o melhor é inscrever sua escrita espelhada descendo do pavio até a base, em uma linha reta ou espiral, para remover a negatividade.

## Entalhar símbolos usando uma goiva

Pregos e entalhadores fazem linhas finas que são apropriadas para esculpir palavras em cera, mas se precisar fazer uma linha mais profunda e mais espessa para um símbolo ou sigilo, as ferramentas de corte de bloco de linóleo funcionam maravilhosamente. Eu recomendo usar as goivas speedball U e V, porque são mais seguras do que as antigas facas de linóleo, que dará menos probabilidade de se cortar. As goivas em U e V são chamadas assim porque, quando vistas de frente, a lâmina pode ser em forma de U, que corta uma depressão arredondada, ou em forma de V, que corta uma depressão profunda com lados retos.

Pode usar também a ponta de goiva de uma ferramenta de vela para fazer esses cortes mais profundos e mais largos. Cubra os cortes com óleos e, em seguida, esfregue glitter ou ervas nas fissuras para que seus símbolos e sigilos fiquem lindamente decorados e realçados contra a vela.

## Símbolos de aplique de cera de abelha

Outra maneira realmente adorável de decorar e adicionar energia simbólica à sua vela antes de começar o feitiço é adicionar símbolos de cera à sua superfície. Pode usar um pedaço de cera de abelha de uma cor diferente da sua vela para que o símbolo se destaque. Amoleça a cera com o calor de suas mãos ou com um secador de cabelo aquecido e molde em formas simbólicas. Pressione a forma de cera aquecida na lateral de sua vela.

Existem alguns métodos para compor essas formas. Você pode moldar uma forma simples, como um coração, com a cera enquanto a amassa. Pode também enrolar a cera em tiras longas e finas e pressioná-las nas laterais da vela para criar contornos ou escrever palavras. Pode também derreter, pressionar ou enrolar a cera em folhas finas e usar uma faca ou um pequeno cortador de biscoitos para cortar formas sólidas como corações ou estrelas e pressioná-las suavemente na cera de sua vela, para adicionar um pouco de magia simbólica extra. Para os realmente astutos, é possível fazer elementos esculturais tridimensionais de cera, como rosas, corações fofinhos, crânios minúsculos ou o que quer que seu feitiço exija. Simplesmente amoleça a cera, molde a mini escultura e, em seguida, pressione-a suavemente sobre a superfície da vela. Se precisar de ajuda para fixá-lo, use um secador de cabelo na potência baixa para aquecer um pequeno pedaço de cera de abelha para grudar entre a vela e o aplique.

Seja qual for o método que decidir usar, pense em escolher cores que adicionem elementos sutis extras ao seu feitiço. Por exemplo, você pode preparar uma vela rosa para um amor romântico centrado no coração e aplicar corações vermelhos nas laterais para adicionar um elemento de paixão e calor ao relacionamento. Quer adicionar ainda mais intenção ao seu símbolo? Misture uma pitada de ervas em pó na cera enquanto a amacia para adicionar a energia e o poder daquela erva.

# Carregando uma vela

Carregar uma vela é uma técnica para preparar a vela com ervas, papéis de petição ou intenções pessoais (como um pedaço de cabelo ou o corte de uma unha) enquanto mantém o trabalho mágico em segredo. Em vez de colocar ervas do lado de fora, esses artefatos são colocados dentro. Colocar seus itens de suporte mágico dentro da vela faz ela parecer um objeto decorativo básico para o observador casual, enquanto secretamente é infundida com a energia dos itens.

Às vezes, faz sentido fazer um esforço extra para preparar uma vela dessa maneira. Se estiver tentando manter seu trabalho mágico escondido de outras pessoas, uma vela carregada manterá seu trabalho em segredo. Se estiver movendo uma vela para outro local, carregá-la impedirá que as ervas caiam da bandeja ou sejam jogadas para fora. Se estiver presenteando outra pessoa com uma vela especial e não quer que ela saiba que a vela foi preparada, carregá-la e colocá-la em um suporte ou pote de vidro pode impedir que seu trabalho seja descoberto.

Para carregar sua vela com um feitiço, escolha uma que seja larga o suficiente para fazer um buraco nela, pelo menos do tamanho da ponta do seu polegar. Velas simples são muito finas e irão quebrar, o ideal são velas largas (como as de sete dias, por exemplo) ou velas com formato de figuras com uma base larga (formato de pessoa, crânio, árvore, pirâmide, buda, etc.).

### Feitiço de vela energizada

**Você vai precisar de:**

- Vela larga e independente
- Pequenos pedaços de ervas
- Bandeja ou prato
- Faca afiada
- Secador de cabelo
- Isqueiro ou fósforos
- Pequenos chips de gemas (opcional)

- Papel de petição pequeno (opcional)
- Objetos especiais (opcional)
- Questões pessoais (opcional – para mais informações sobre questões pessoais, consulte a tópico sobre potes de mel no capítulo 10)

1. Antes de começar, reúna os itens que vai inserir em sua vela. Menos é mais. Pequenas quantidades de ervas e outros itens são tudo de que precisa. No total, seus itens devem ocupar um espaço não maior do que a ponta de seu polegar.

2. Com a faca (ou uma ferramenta de vela), faça um buraco no fundo da vela. Reserve a cera que esculpiu.

3. Coloque ervas e outros objetos dentro do buraco.

4. Cubra as ervas com as lascas de cera restantes que removeu, pressionando a cera e as ervas no orifício com firmeza. A cera deve cobrir as ervas completamente e se estender um pouco além do nível da base da vela.

5. Acenda seu fósforo ou isqueiro ou use um secador de cabelo em temperatura alta. Aqueça a cera e a pressione ainda amolecida com a lateral da faca para selar as ervas. Alise a cera até que fique nivelada com a base, tornando o orifício indetectável.

6. Enquanto segura a vela em suas mãos, visualize suas intenções, coloque sua energia na vela e diga as palavras do feitiço.

7. Fale as palavras do feitiço em voz alta novamente enquanto acende a vela.

8. Acenda a vela enquanto estiver em casa e for se manter acordado. Se sair de casa ou for dormir, apague a vela e acenda-a novamente quando puder ficar de olho nela.

# 5

# Planejando seu Feitiço

Agora que aprendeu algumas das opções mágicas disponíveis nos capítulos anteriores, você tem a opção de decidir que tipo de vela melhor atende ao seu propósito. No final das contas, vai poder usar qualquer vela – até mesmo uma vela de aniversário – para o trabalho de feitiço. Dito isso, o trabalho com feitiços é uma arte, então, como em qualquer arte, é muito mais fácil criar o que imagina se usar as ferramentas certas.

Eu trabalhei com milhares de velas ao longo dos anos e foi a partir desse amor pela magia das velas que comecei a fazer as minhas próprias, com uma intenção amorosa. Eu queria trabalhar com ferramentas que tivessem um poder real e fossem projetadas para se alinharem com a magia que eu desejava fazer. Senti a diferença no poder dos meus feitiços quando eles foram feitos com uma vela que foi "feita por Bruxa" em comparação com uma vela feita na fábrica e disposta nas prateleiras. O ato de usar velas carregadas de energia vai dar ao seu trabalho um incrível aumento de potência.

Eu também já estive em situações onde a única coisa disponível era uma vela de rechaud comprada. Embora possa não ter a energia carinhosa de uma vela feita à mão, acredito que seja muito melhor fazer um feitiço com qualquer ferramenta do que nenhum feitiço.

Há muitas coisas a se considerar antes de escolher uma vela para seu feitiço. "Para que estou fazendo um feitiço?" é apenas o começo. Antes de começar recomendo que você sente-se com um pedaço de papel, seu diário ou seu grimório e mapeie seu plano de jogo de feitiços (consulte o capítulo 14 para obter detalhes sobre como criar um grimório).

Gastar algum tempo para considerar essas questões e fazer escolhas bem pensadas fortalecerá seu feitiço antes mesmo de acertar uma partida.

Estas são algumas das perguntas que pode considerar ao escolher uma vela para o seu feitiço. A primeira é obrigatória, mas o resto são direções possíveis e instigantes para que possa realizar seu trabalho de feitiço, algumas das quais serão elaboradas nos próximos capítulos. Não é necessário levar todas essas questões em consideração, mas ponderar sobre essas possibilidades o ajudará a criar um feitiço incrível.

- Qual é o objetivo do meu feitiço?

- Eu quero fazer um feitiço simples, onde posso apenas acender a vela e ir embora, ou quero gastar tempo e energia para criar um feitiço de vela mais complexo, que tenha sutileza e seja totalmente personalizado para a minha situação?

- Quanto eu quero gastar no meu feitiço? Gostaria de comprar os melhores materiais para meu feitiço ou escolher itens de custo mais baixo para ficar dentro de um determinado orçamento?

- Eu quero escolher uma vela de cor específica para apoiar meu trabalho de feitiço?

- Quero uma vela que já foi infundida com óleos e/ou ervas ou uma vela simples que eu mesma tenha a opção de vestir com óleo e ervas?

- Preciso de uma vela cujo formato é simbólico para apoiar meu trabalho com o feitiço?

- Quero que a vela tenha fragrância?

- Preciso de uma vela que vem em um recipiente de vidro ou de uma vela independente, que coloco em um castiçal ou afixo em uma bandeja?

- Eu quero fazer minha própria vela, trabalhar com uma vela feita por alguém que colocou uma intenção mágica nela ou uma vela feita por máquinas em uma fábrica atenderá às minhas necessidades?

- Gostaria de comprar um kit de feitiços que me dê instruções passo a passo e todos os materiais de que preciso ou quero comprar meus materiais de feitiços sozinho?

- Quanto tempo tenho para fazer o feitiço? É para algo que preciso neste minuto ou tenho algum tempo para começar um feitiço na data e hora perfeitas e trabalhá-lo ao longo de muitos dias?

Antes de mergulhar nos próximos capítulos, essas perguntas podem parecer esmagadoras. Eu prometo que quando terminar este livro, elas parecerão fortalecedoras. Embora não haja respostas certas ou erradas, é melhor pensar sobre suas necessidades, restrições e preferências pessoais antes de iniciar um feitiço de vela. Passar algum tempo em contemplação é uma excelente preparação mágica e o ajudará a escolher uma vela e outras ferramentas que vão trazer um alinhamento mais forte ao seu feitiço.

Depois de determinar qual vela deseja usar, pense sobre os outros elementos que deseja trazer: cores, números, ervas e assim por diante. Mas como manter todas essas peças móveis em mente quando está apenas começando? Lembre-se de que não precisa incorporar todos os elementos abordados neste livro em um único feitiço de vela. Até mesmo praticantes experientes usam apenas um punhado de elementos em seus trabalhos. Adicionar muito vai enlouquecer você.

Para obter seu foco e saber o que quer trazer, faça uma lista de três dos objetivos mais importantes de seu feitiço depois de ter feito sua escrita livre e escrito sua petição. Se estiver pensando em mais de três, provavelmente precisará fazer mais de um feitiço. Depois de listar essas coisas, pense na maneira criativa de incorporar essa energia em seu trabalho de feitiço por meio dos elementos disponíveis.

## Exemplo de plano de feitiço de reconciliação

*Petição: John Smith e eu estamos juntos novamente*

**Objetivo 1:** quero que ele esqueça a discussão que tivemos.

**Objetivo 2:** quero que nosso relacionamento seja forte e sólido.

**Objetivo 3:** quero que o romance em nosso relacionamento volte.

Existem muitas opções para abordar esses problemas em seu feitiço de vela, mas aqui está um exemplo:

**Objetivo 1:** quero que ele esqueça a discussão que tivemos. Vou espalhar sementes de papoula em volta da vela para que ele se esqueça da discussão.

**Objetivo 2:** quero que nosso relacionamento seja forte e sólido. Vou usar quatro velas, porque o número quatro representa força e estabilidade.

**Objetivo 3:** quero que o romance em nosso relacionamento volte. Vou usar velas rosa para que suas emoções centradas no coração retornem.

Percebe que, quando se divide isso, é fácil incorporar vários elementos para as nuances sutis de seus objetivos?

## Quando acendo minha vela de feitiço?

Minha convicção é que se você precisa de um resultado agora, faça o feitiço da vela imediatamente. Mas se puder esperar alguns dias para trabalhar com um tempo que se alinhe melhor com sua intenção, será capaz de aproveitar um impulso extra de energia para adicionar ao seu feitiço. Pense nisso como a diferença entre empurrar um carrinho em uma superfície plana e descer uma colina. Quando você aproveita o tempo que apoia sua intenção, empurrar se torna muito mais fácil.

Existem algumas opções em relação ao tempo do feitiço com velas.

### Trabalhando com feriados ou dias especiais

Sejam seculares ou religiosos, os feriados são uma ótima época para fazer um feitiço de velas. Fazer um feitiço de bênção em um aniversário, um feitiço de amor no Dia dos Namorados ou um feitiço de prosperidade no Dia de Ano Novo são exemplos de aproveitamento de energia comunal para fortalecer seu intento. Esses tipos de magia tendem a ser baseadas na percepção do feriado que se aproxima. Feriados seculares ou religiosos, aniversários, dias sagrados, solstícios e equinócios são todos dias que contêm certa energia. Você pode aproveitar essa energia observando o que o dia representa e usando-a para fortalecer seus feitiços. Por exemplo, pode usar o próximo aniversário de uma celebridade para canalizar sua energia para um feitiço de fama para você ou um aniversário de casamento para um feitiço que vai abençoar seu próprio relacionamento.

## Trabalhando com as fases da Lua

Existem duas fases lunares básicas que podem ser aproveitadas para a magia da vela:

**Lua minguante:** este é o momento em que a Lua parece diminuir, desde a Lua cheia até a Lua nova. A Lua minguante é a hora de fazer trabalho de feitiços para limpar, remover e banir; por exemplo, eliminando a negatividade e removendo padrões prejudiciais.

**Lua crescente:** este é o momento em que a Lua parece estar crescendo, da Lua nova à Lua cheia. A fase de enceramento é a hora de fazer o trabalho de feitiço sobre invocação e atração; por exemplo, atrair um amante ou trazer mais abundância.

Algumas intenções de feitiço de vela funcionam com eficácia máxima durante a Lua minguante (como feitiços para purificação ou para reverter a negatividade). Outros funcionam melhor durante a Lua crescente (como feitiços de atração ou prosperidade). No entanto, alguns feitiços podem ser feitos em qualquer fase da Lua (feitiços de tranquilidade, por exemplo, podem ser carregados para liberar argumentos ou convidar à paz). Se possível, tente cronometrar o início de sua vela com a parte inicial da fase da Lua, para que possa queimá-la completamente antes que a fase se complete.

Existe uma maneira realmente adorável de criar alguma magia poderosa, acessando o poder da Lua minguante e da Lua crescente. Primeiro, faça um feitiço de vela para limpar os bloqueios negativos durante a Lua minguante, abrindo caminho para algo novo, e então prossiga com um feitiço de desenho ou vela de atração para convidar o que quiser durante a Lua crescente.

Aqui estão alguns exemplos:

- Lua anterior: removendo a mentalidade de pobreza.
- Lua de cera: criando abundância.
- Lua anterior: banindo as crenças autolimitantes.
- Lua de cera: convidando o sucesso.
- Lua anterior: limpando a velha bagagem do relacionamento.
- Lua de cera: atraindo uma alma gêmea para sua vida.

## Lua nova e Lua cheia

As Bruxas e outras pessoas centradas na Lua gostam de aproveitar duas outras temporizações especiais de suas fases – a Lua cheia e a Lua nova. Essas fases acontecem tradicionalmente nos três dias anteriores e posteriores à noite do evento. Você encontrará muitas opiniões divergentes sobre que tipo de magia fazer nesses dias especiais do mês, mas aprendi a trabalhá-las da seguinte maneira.

**Lua nova:** a noite da Lua nova é o momento logo antes do início das fases da Lua. Então você completa a magia da Lua minguante e "planta as sementes" das coisas que deseja cultivar. Faça seu trabalho silencioso, interno e solitário durante este tempo e trabalhe para ativar novos começos.

**Lua cheia:** a noite da Lua cheia é o ponto culminante da Lua crescente e o tempo logo antes da Lua minguar, quando se comemora o sucesso de sua magia da Lua crescente e começa o processo de liberação novamente. Faça trabalho em grupo e magia alegre com outras pessoas durante este tempo. É também um momento poderoso para o trabalho dos sonhos e o trabalho psíquico.

# Trabalhando com fenômenos astrológicos

Astrologia é um tópico fascinante para explorar e até mesmo um conhecimento básico pode ser usado para coordenar seu trabalho com velas.

## Trabalhando com a Lua astrologicamente

Astrologicamente falando, a Lua é o "planeta" da magia, mistérios, fenômenos psíquicos e emoções profundas. Ao contrário de alguns dos planetas mais distantes, ela passa por um novo sinal a cada dois dias, então é mais fácil coordenar um momento auspicioso. Existem muitos sites e aplicativos com calendários que podem dizer em que signo a Lua está para que você possa coordenar o seu tempo ideal.

Sinta a energia diferente conforme a Lua se move pelo zodíaco. Pense no trabalho de feitiço que pode querer coordenar quando a Lua (ou outro planeta) está nos seguintes signos:

♈ **Áries:** força física, guerra, vitória, princípios, vontade, força, destemor, novos empreendimentos, resiliência.

♉ **Touro:** prosperidade, trabalho, sensualidade, prazer, perseverança, longevidade no amor, negócios, segurança, luxo.

♊ **Gêmeos:** multitarefas, chamas gêmeas, buscas mentais, comunicação, inteligência, criatividade, socialização, parceria.

♋ **Câncer:** casa, paternidade, sustento, domesticidade, intuição, mudança, casamento, arte, família, filhos, adivinhação.

♌ **Leão:** fama, reconhecimento, liderança, coragem, poder, vitória, sucesso, confiança, autoestima.

♍ **Virgem:** detalhes, serviço ao próximo, organização, ordem, segurança, escrita, ajuda, verdade, cura, solução de problemas.

♎ **Libra:** equilíbrio, harmonia, beleza, justiça, diplomacia, paz, compatibilidade, cooperação.

♏ **Escorpião:** finais, sexo, processamento de luto e morte, lealdade, vingança, paixão, controle, competição, mistério.

♐ **Sagitário:** aventura, viagem, filosofia, liberdade, oportunidades abertas, risco, sorte.

♑ **Capricórnio:** negócios, planos de longo prazo, construção de impérios, tradição, aprendizado, estrutura, estabilidade, abundância, sucesso.

♒ **Aquário:** inovação, ideias inovadoras, tecnologia, originalidade, pioneirismo, ultrapassando limites.

♓ **Peixes:** consciência psíquica, trabalho dos sonhos, emoções, criatividade, misticismo, espiritualidade, finais, empatia.

## Trabalhando com planetas

À medida que você se familiariza com a astrologia, pode coordenar suas velas ao redor do sol ou dos planetas em certos signos para aprimorar seu trabalho. Por exemplo, fazer um feitiço de casamento quando Vênus está no signo de Câncer, um feitiço para o sucesso profissional como artista quando o Sol está em Leão ou trabalho inimigo quando Marte está em Áries.

Pode também se coordenar para trabalhar com os planetas quando eles estão em seus signos exaltados, isto é, os signos onde o poder do planeta está em seu pico.

Sol – Áries

Lua – Touro

Marte – Capricórnio

Mercúrio – Virgem

Júpiter – Câncer

Vênus – Peixes

Saturno – Libra

## Trabalho com dias da semana

Alguns praticantes usam os dias da semana para coordenar quando acender suas velas. Há dias da semana que ajudam a trabalhar com certos tipos de magia. Iniciar seu feitiço nesses dias pode dar uma explosão de poder a eles.

Cada dia da semana tem um dos sete antigos "planetas" associados. Essa correspondência também pode ser usada para coordenar o trabalho das energias planetárias em seu trabalho de feitiço, inscrevendo o símbolo do planeta em sua vela.

☉ **Domingo (Sol):** energia externa, autoridade, liderança, cura, bênção, trabalho positivo geral, otimismo, avanço, fama, reconhecimento, sucesso, vontade, beleza.

☽ **Segunda-feira (Lua):** energia interna, trabalho dos sonhos, trabalho psíquico, emoções, espiritualidade, casamento, inspiração, intuição, segredos, trabalho pessoal ou interno, parto, fertilidade, família, casa.

♂ **Terça-feira (Marte):** agressão, coragem, caça, vitalidade, estratégia, conflito, separações, banimento, destruição, força, saúde vigorosa, vitória, competição.

☿ **Quarta-feira (Mercúrio):** comunicação, transações comerciais, viagens, negociações, resultados mais rápidos, jogos de azar, criatividade, inteligência, desenvoltura, fala, escrita, mensagens, energia do malandro.

♃ **Quinta-feira (Júpiter):** poder, riqueza, sucesso, liderança, dinheiro, construção de negócios, questões legais, expansão, justiça, política, lealdade, atração de clientes, porte real.

♀ **Sexta-feira (Vênus):** amor, luxúria, sexo, beleza, harmonia, prosperidade, admiração, criatividade, atração, amizade, prazer, arte, música, parcerias, sedução, estética, dinheiro.

♄ **Sábado (Saturno):** motivação, vontade, esclarecimento, criação de estrutura, trabalho do inimigo, amarração, bloqueio, vingança, conhecimento, tradição, dever, limitação, limites.

## Trabalho Dia e Noite

Além de trabalhar com um determinado dia para a magia, você pode também aproveitar a energia da hora do dia. Uma forma simples de trabalhar com a hora do dia é começar o feitiço da vela ao nascer do sol, meio-dia, pôr do sol ou meia-noite.

**Nascer do sol:** comece velas para novos empreendimentos, novos começos, construção de energia, aumento e atração de coisas boas ao amanhecer.

**Meio-dia:** comece velas para o sucesso, poder, abundância, riqueza, estabilidade e força ao meio-dia.

**Pôr do sol:** o pôr do sol é o momento perfeito para banir, liberar, romper, separar, terminar, cortar laços ou magia de limpeza.

**Meia-noite:** considerada a "hora das Bruxas", a meia-noite é um momento poderoso para fazer feitiços para habilidades psíquicas, contato espiritual, trabalho com as sombras, trabalho oculto ou secreto, influência mental, trabalho sobrenatural e trabalho em realidades alternativas.

## Trabalhando com as horas do dia

Uma maneira simples de trabalhar com as horas do dia é se concentrar nos horários. Este sistema funciona especialmente bem com relógios digitais. Simplesmente comece seu feitiço em um momento com um número de repetição (por exemplo, 3:33, 9:09 ou 20:20). Você deve escolher um número que corresponda à intenção do seu feitiço (consulte o capítulo 8 para uma análise da numerologia) e pode fazer isso usando os sistemas de relógio de 12 e 24 horas; se estiver usando um relógio de 12 horas, escolha um horário da manhã para os feitiços de atração e um da tarde para feitiços de liberação.

Antigamente, era comum pegar um relógio analógico e usar os horários em que os ponteiros das horas e minutos estão "subindo" (passando de 6 para 12) para aumentar e os horários em que os ponteiros estão "caindo" (passando de 12 para 6) para limpar algo indesejado. Por exemplo, no horário de 7h35 (am ou pm) ambos os ponteiros estariam subindo para o lado esquerdo do relógio, então este seria um excelente momento para o trabalho de atração, enquanto às 14h18 ambos os ponteiros estariam se movendo para baixo, o lado direito do relógio, então esse seria um bom momento para limpar algo negativo.

## Trabalhando com Horas Planetárias

Outra maneira mágica de trabalhar com a hora do dia e também com a astrologia foi desenvolvida na Grécia antiga – as horas planetárias. De acordo com este sistema, cada dia é dividido em doze partes iguais entre o nascer e o pôr do sol e também em doze partes iguais entre o pôr do sol e o nascer do sol. Cada um desses segmentos tem um planeta ligado a ele e trabalhar durante esse tempo pode dar ao seu feitiço um impulso da energia daquele planeta. Existem maneiras de encontrar matematicamente as horas planetárias, mas é muito mais simples hoje em dia apenas encontrar uma calculadora de horas planetárias on-line ou baixar um aplicativo. Comece seu trabalho de feitiço durante a hora planetária que mais apoia seu feitiço.

**Hora do Sol:** saúde, trabalho, carreira, promoção, liderança, desempenho, fama, apresentações, status social, figuras de autoridade.

**Hora da Lua:** mudança, ciclos, intuição, trabalho psíquico, imaginação criativa, trabalho dos sonhos, casa, família, casamento.

**Hora de Mercúrio:** vigilância mental, comunicação, transações comerciais, viagens, negociações, tecnologia, jogos de azar, criatividade mental, inteligência, desenvoltura, fala, escrita, mensagens, energia de trapaceiro.

**Hora de Vênus:** amor, namoro, casamento, luxúria, beleza, sexo, harmonia, prosperidade, admiração, criatividade estética, sociabilidade, atração, amizade, prazer, arte, música, parcerias, sedução, estética, paz, calma, mediação, questões financeiras.

**Hora de Marte:** agressão, esforço, coragem, caça, vitalidade, estratégia, conflito, separações, banimento, destruição, força, ousadia, saúde vigorosa, vitória, competição.

**Hora de Júpiter:** política, poder, riqueza, atraindo seguidores, sucesso, liderança, dinheiro, construção de negócios, questões legais, expansão, justiça, lealdade.

**Hora de Saturno:** organização, motivação, vontade, esclarecimento, rompimento de maus hábitos, criação de estrutura, responsabilidade, trabalho inimigo, amarração, bloqueio, vingança, conhecimento, tradição, dever, limitação, limites.

# 6

# Fazendo Velas Mágicas

Embora o consenso seja de que as velas usadas para magia devam ser feitas à mão, a maioria das pessoas fazem suas magias com velas industrializadas, e não há absolutamente nada de errado com isso. Suas ferramentas mágicas são canais que carregam sua energia. No entanto, à medida que você começa a fazer mais magia com velas, naturalmente se torna mais consciente dos produtos usados em seu trabalho. Comprar velas feitas à mão por pessoas que imbuem seus produtos com amor e cuidado à medida que os fazem terá um efeito positivo em seu trabalho... e comprar velas feitas especificamente para magia por praticantes de magia, ainda mais.

À medida que se torna mais adepto da magia das velas, é útil entender tudo o que se passa na arte do fabricante delas. Uma das coisas que adoro ensinar a meus alunos é como fazer suas próprias velas. Novamente, não é que você vai precisar fazer todas as velas que usar em todos os feitiços, mas é útil, de uma maneira prática, entender como elas são feitas. Em um nível espiritual, fazer uma vela do zero lhe dá a oportunidade de adicionar ainda mais poder e intenção para o seu feitiço.

A seguir, compartilho meus segredos para a elaboração de velas mágicas: como fazer velas carregadas com a intenção para seus feitiços especiais extras.

# Velas enroladas de cera de abelha

Essas são algumas das velas mais fáceis de criar; não precisa derreter cera ou ter qualquer equipamento especial para fazer uma vela cônica, bonita e personalizada para o seu feitiço. Como uma vela simples, você pode adicionar óleos espirituais e pequenas quantidades de ervas a ela, mas em vez de apenas aplicá-los do lado de fora, você pode adicioná-los à medida que enrola a cera de abelha para integrá-los em toda a vela.

Você pode comprar folhas finas de cera de abelha, que são prensadas em um padrão de favo de mel, chamado de "base de cera de abelha", e enrolá-las em torno de um pavio preparado para criar uma vela cônica. O pavio preparado[9] é um pavio de vela que já foi mergulhado em cera para torná-lo rígido e mais fácil de rolar (e mais fácil de acender quando a vela for feita). Se não puder obter o pavio preparado, o pavio cru (apenas um pavio de algodão sem cera) também pode ser usado. Pode também preparar o pavio cru, mergulhando-o em cera de abelha derretida e deixando-o endurecer antes de começar.

## Fazendo uma vela enrolada de cera de abelha

**Você vai precisar de:**

- Folha de base de cera de abelha
- Pavio chato de algodão trançado parafinado (com cerca de 2 mm de diâmetro). O comprimento do pavio deve ser cerca de 12 mm mais longo do que a base de cera de abelha.
- Óleo espiritual
- Pitada de ervas secas

---

9. N. do T.: alguns dos tipos de pavios mais conhecidos aqui no Brasil são: **pavio de algodão trançado**, composto por várias fibras de algodão trançadas entre si, pode ter formato chato ou redondo; **pavio quimicado**, são pavios tratados quimicamente para não liberarem fuligem ou fumaça preta, ou **pavio com núcleo de cobre**, feito com fibras de algodão com um finíssimo fio de cobre no meio, que produz uma chama menor e, consecutivamente, mais duradoura, funciona melhor em velas de parafina.

1. Coloque a folha de base de cera de abelha sobre uma mesa. Escolha cera de uma cor que corresponda ao seu trabalho com o feitiço.
2. Aplique algumas gotas de um óleo espiritual apropriado na parte superior da cera de abelha, ficando a cerca de 24 mm das bordas.
3. Polvilhe uma pequena pitada de ervas secas na parte superior da cera de abelha.

    CUIDADO: ervas, flores e raízes secas são inflamáveis. Na maioria dos casos, uma pequena quantidade não causará problema, mas se ficar muito entusiasmado com a aplicação da erva, terá uma vela que pode pegar fogo por toda parte. Mais ervas (ou óleos, velas ou qualquer coisa nesse sentido) não significam mais poder em seu feitiço.

4. Coloque o pavio em uma das extremidades da base com o pavio extra pendurado de um lado.

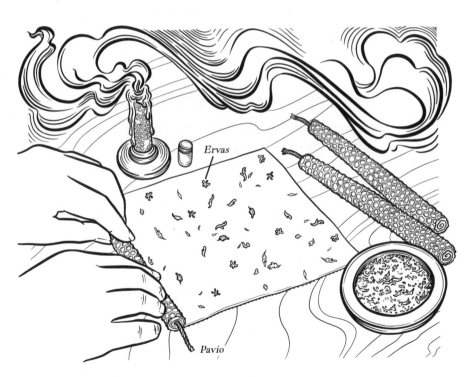

*Como fazer uma vela enrolada de cera de abelha*

5. Role a cera ao redor do pavio. Se estiver fazendo uma vela para limpar algo, pode começar com o pavio perto de você e rolar a vela para longe de você. Se estiver fazendo uma vela para trazer algo, pode começar com o pavio na ponta da cera que está mais longe de você e rolar a vela em sua direção.

6. Enquanto está rolando a vela, entoe as palavras do feitiço para abençoar a vela para sua intenção específica.

7. Depois de enrolar a cera completamente ao redor da vela, pressione suavemente a sua borda para que faça uma costura e mantenha a vela unida.

8. O lado com o pavio extra é a parte superior da vela. Corte-o para 6 mm e ele estará pronto para acender para o seu feitiço.

DICA EXTRA: experimente enrolar folhas de cera de abelha de diferentes alturas e larguras para fazer velas altas e estreitas ou pequenas e largas. Você pode enrolar uma folha de cera de abelha cortada em um triângulo retângulo para fazer uma vela cônica, que é alta no centro com lados inclinados.

## Velas cônicas mergulhadas

As velas mergulhadas são bastante complicadas, mas vale o esforço se quiser fazer uma vela mágica do zero. Antes da introdução dos moldes para velas, todas as velas eram feitas por imersão. Se já esteve em uma feira de artesanato dos tempos antigos ou em um local de reconstituição histórica, você pode até ter tido a oportunidade de fazer essa atividade sozinho. O processo de imersão de uma vela cônica consiste em pegar um pedaço de pavio cru ou preparado e mergulhá-lo em um tanque de cera derretida. Cada vez que você o mergulha, uma camada é construída sobre o pavio. Faça isso repetidamente e camadas suficientes serão formadas para criar uma vela cônica.

Um dos belos aspectos das velas mergulhadas é poder dizer as palavras do feitiço cada vez que mergulha o pavio no pote de cera derretida, criando uma vela profundamente mágica.

## Fazendo uma vela cônica mergulhada

**Você vai precisar de:**

- 0,5 kg de cera de abelha (1 kg se for fazer uma vela mais longa).
- Pavio de algodão trançado parafinado fino (cerca de 1,5 mm de diâmetro). O comprimento do pavio deve ser aproximadamente o dobro do comprimento da vela pronta.
- Lata grande e limpa (com cerca de 1300 ml de capacidade).
- Panela velha, grande o suficiente para conter a lata (você vai sujar a panela com cera e, embora a cera de abelha não seja tóxica, é difícil limpá-la, então não use seus utensílios de cozinha prediletos).
- Termômetro de cozinha (termômetro de doces ou de carne que meça até 68 °C).
- Tesoura ou faca.
- Corante de vela (opcional).
- Tampa para uma panela (opcional). É bom ter isso em mãos, apenas no caso de precisar apagar o fogo.

1. Coloque cera de abelha em sua lata de suco limpa.
2. Crie um banho-maria colocando a lata na panela. Encha a panela com 1/2 a 3/4 de água. Não coloque água na lata de cera, apenas na panela.
3. Aqueça em fogo baixo, de modo que ela nunca chegue a ferver. A cera é inflamável, se aquecê-la muito pode pegar fogo.
4. Ser paciente! Dependendo da quantidade de cera de abelha que está derretendo e se ela está em pequenos ou um grandes pedaços, pode levar três ou mais horas para a cera derreter.
5. Verifique a temperatura da água em intervalos e certifique-se de que está em torno de 68 °C. Abaixo de 65 °C sua cera não derreterá o suficiente e vai acabar com uma vela protuberante (se puder fazer uma). Acima de 71 °C a cera ficará muito quente para formar camadas. Em temperaturas superiores a 85 °C a cera se estragará e se tornará um risco de incêndio.

*Imersão de velas*

6. Assim que a cera derreter, pode adicionar tinta para velas. Use apenas corante de vela. Outros corantes, como giz de cera, corante alimentar, tintura de tecido, etc., não se misturam com a cera ou não são seguros para velas.

7. Comece mergulhando o pavio na cera derretida. Depois de puxá-lo para fora, deixe esfriar por um momento e, em seguida, puxe as duas pontas do pavio para endireitá-lo. Deixe esfriar por cerca de 45 a 60 segundos.

8. Existe uma técnica para mergulhar velas. Não as deixe mergulhadas na cera por muito tempo. Se o fizer, vai aquecer as camadas de cera que construiu e derretê-las. O truque é mergulhar o pavio para dentro e para fora rapidamente e deixá-lo endurecer por cerca de 30 a 60 segundos, antes de mergulhá-lo novamente.

9. A cada mergulho, diga as palavras do feitiço para infundir em sua vela uma intenção poderosa.

10. Conforme vai mergulhando, a cera vai se acumulando como um pingente de gelo na parte inferior da sua vela. Apare isso com uma tesoura ou uma faca de vez em quando enquanto estiver mergulhando ou logo antes de fazer seus últimos mergulhos. A cera aparada pode voltar para o caldeirão.

11. Quando a vela tiver a espessura de seu dedo, está pronta! Deixe endurecer completamente durante a noite. Se quiser adicionar um pouco de magia extra, deixe endurecer em algum lugar onde possa receber a luz da Lua.

12. Corte o pavio para cerca de 6 mm. Sua vela mágica está pronta para acender.

Se decidir trabalhar com outro tipo de cera diferente da cera de abelha, faça sua pesquisa. Ceras diferentes têm pontos de fusão diferentes e precisam de diferentes tipos de pavio.

## Velas cônicas enroladas com ervas

Velas enroladas com ervas são uma variação das velas mergulhadas. Ao adicionar ervas na parte externa de sua vela, pode adicionar o poder das ervas para ajudar em seu feitiço. Elas também parecem muito rústicas e são divertidas de se trabalhar, isso se você gosta que suas velas mágicas pareçam ainda mais mágicas.

Veja duas das variações que eu indico: O primeiro método é para mergulhar uma vela do zero. O segundo método não requer equipamento de imersão de velas.

# 112 | O Livro da Magia das Velas

## Fazendo velas cônicas enroladas em ervas – Método mergulhado

**Você vai precisar de:**

- Vela cônica de cera de abelha
- Ferramentas cônicas mergulhadas em cera de abelha (lata de cera em um pote de água)
- Assadeira ou bandeja plana
- Ervas secas que apoiam a intenção do seu feitiço
- Pinças, prendedor de roupa ou clipe

1. Prepare cera para mergulhar sua vela conforme descrito na receita anterior.
2. Polvilhe ervas leves e esfareladas em uma assadeira.
3. Abençoe as ervas segurando suas mãos sobre elas e visualizando seu objetivo mágico.
4. Mergulhe uma vela regular de cera de abelha (uma vela comprada ou que você tenha feito) na cera quente duas ou três vezes, esperando 30 a 45 segundos entre cada mergulho. Se estiver usando uma vela comprada com um pavio curto, vai precisar usar uma pinça, um prendedor de roupa ou um clipe para mergulhar a vela na cera quente e manter os dedos protegidos.
5. Ao mergulhar suas velas, pode dizer as palavras do feitiço para adicionar um pouco de força extra ao seu trabalho.
6. Após o último mergulho, espere apenas cinco a dez segundos e role a vela para a frente e para trás nas ervas da assadeira, pressionando as ervas na cera quente da vela.
7. Tal como acontece com todas as ervas e velas, vá com calma com a matéria extra de ervas. As ervas são inflamáveis, então não deve adicionar muitas.
8. Passo opcional: deixe a vela descansar por 1 a 2 minutos e depois mergulhe-a mais uma vez na cera para selar as ervas no lugar. Observe que algumas das ervas de sua vela podem cair na cera.

Elas provavelmente vão afundar, mas se forem leves, podem entrar em seu próximo feitiço de vela. A menos que as ervas sejam pulverizadas, sempre pode coar a cera da vela com um pedaço de pano de algodão para limpar as ervas que se misturaram.

9. Deixe a vela endurecer completamente durante a noite. Se quiser adicionar um pouco de magia extra, deixe endurecer em algum lugar onde possa captar a luz da Lua.
10. Se esta for uma vela que fez do zero, corte o pavio para cerca de 6 mm. Sua vela mágica agora está pronta para acender.
11. Preste muita atenção a uma vela mergulhada em ervas enquanto a queima, para que possa apagá-la se as ervas pegarem fogo.
12. Apague a vela quando for dormir ou sair de casa e acenda-a novamente quando voltar.

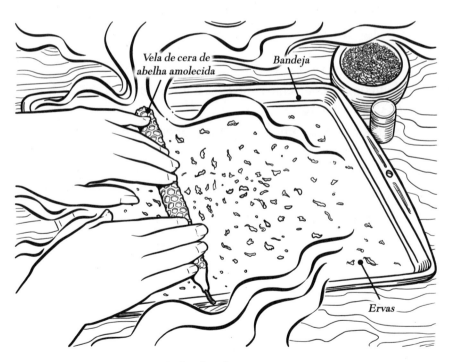

*Rolando velas em ervas*

## Fazendo velas cônicas enroladas em ervas
## – Método de secador de cabelo

Em vez de mergulhar uma vela em cera, pode pegar uma vela de cera de abelha preparada e aquecê-la com um secador de cabelo ajustado para quente e, em seguida, enrolar a vela nas ervas. É importante que seja um cone de cera de abelha, pois os cones de parafina não amolecem ou ficam pegajosos o suficiente para deixar as ervas grudarem. Use o secador de cabelo em sua vela em algum lugar longe de suas ervas na bandeja. Não vai querer espalhar acidentalmente todas as suas ervas, não é mesmo?

**Você vai precisar de:**
- Vela cônica de cera de abelha
- Assadeira ou bandeja plana
- Ervas secas que apoiam a intenção do seu feitiço
- Secador de cabelo

1. Polvilhe as ervas na assadeira
2. Abençoe as ervas segurando suas mãos sobre elas e visualizando seu objetivo mágico.
3. Pegue uma vela comum de cera de abelha (uma vela comprada ou que você tenha feito) e sopre o ar quente de um secador de cabelo sobre um dos lados da vela para amolecer a cera.
4. Depois que um lado estiver macio, role-o imediatamente para frente e para trás nas ervas da assadeira, pressionando as ervas na cera quente da vela.
5. Repita com o outro lado da vela.
6. Tal como acontece com todas as ervas e velas, use apenas um pouco. Lembre-se de que as ervas são inflamáveis – mais ervas não significam mais poder.
7. Se for uma vela que foi resfriada e endurecida antes de começar, só precisa deixá-la endurecer por 10 a 20 minutos.
8. Corte o pavio para cerca de 6 mm. Sua vela mágica agora está pronta para acender.

9. Preste muita atenção a uma vela enrolada em ervas enquanto ela queima, para que possa apagá-la se as ervas pegarem fogo.

10. Apague a vela quando for dormir ou sair de casa e acenda-a novamente quando voltar.

## Vela de vigília vestida

Essas são as velas de cera de abelha ou de parafina envoltas por longos potes de vidro. As velas de vigília têm um lugar especial na magia das velas, pois elas queimam por muito tempo e são relativamente seguras. Essa queima mais longa é ótima para questões espirituais teimosas, que precisam de um empurrão. O frasco de vidro para velas também pode ser decorado com adesivos, etiquetas ou canetas de tinta.

Embora seja possível comprar uma vela de vigília preparada para seus propósitos, como um feiticeiro de vela experiente, é melhor comprar uma vela simples, sem ervas, óleos ou fragrâncias, para que possa vesti-la e abençoá-la você mesmo. A queima de velas de vigília vestida também é conhecida como "configuração das luzes". Veja a seguir como preparar sua vela.

### Fazendo uma Vela de Vigília Vestida

**Você vai precisar de:**

- Vela de vigília simples, sem cheiro e sem vestimenta
- Ervas secas
- Óleo espiritual
- Conta-gotas para óleo
- Ferramenta longa e afiada, como uma chave de fenda, furador, palito de gelo, palito de metal ou agulha de tricô de metal
- Papel de petição preparado
- Glitter (opcional)
- Canetas de tinta ou marcadores permanentes (opcional)

1. Escolha uma vela de uma cor que apoie sua intenção (veja o tópico *cor da vela*). Você também pode escolher uma vela com um rótulo ou imagem serigrafada que apoie seu resultado.

2. Segurando sua vela com firmeza, faça sete buracos na parte superior dela em um círculo ao redor do pavio com sua ferramenta longa e afiada. Perfure o máximo que puder. Na cera de soja ou parafina, você pode fazer um buraco com alguns centímetros de profundidade. Na cera de abelha, você só conseguirá cravar alguns milímetros. Você pode repetir as palavras do feitiço enquanto faz os buracos. Faça isso no sentido horário para trazer algo, ou no sentido anti-horário para limpar algo.

3. Alternativamente, pode-se escolher um número diferente de sete que corresponda à intenção do seu feitiço (consulte o capítulo 8 para obter orientação sobre o uso de números para aprimorar a magia da vela).

4. Com um conta-gotas, coloque uma gota de óleo espiritual em cada buraco. Ao fazer isso, você pode falar novamente as palavras do feitiço. Uma gota por buraco é suficiente. Muito óleo causará muita fumaça durante a queima e deixará fuligem no vidro, que dará uma leitura de falso negativo aos restos da vela.

5. Polvilhe uma pitada muito pequena das ervas que suportam o seu trabalho na parte superior. Ao polvilhar suas ervas, você pode pedir-lhes que apoiem a intenção do seu feitiço. Seja econômico com as ervas. Novamente, se usar muito, elas pegarão fogo quando acender sua vela e, no mínimo, criarão uma fumaça de fuligem que pode dar um falso negativo à leitura. Muitas ervas em chamas também podem criar calor extra que pode quebrar o vidro ou criar um incêndio que terá de ser contido.

6. Se preferir adicionar um pouco de magia de cor adicional, pode polvilhar um pouco de glitter em uma cor que combine com a cor da sua vela ou em uma cor de suporte alternativa.

7. Se quiser decorar o vidro da vela com palavras, sigilos, símbolos ou desenhos mágicos, pode fazer isso com uma caneta de tinta ou marcador permanente.

8. Coloque seu papel de petição sob a vela.

9. Segure uma ou ambas as mãos sobre a vela e ore sobre ela ou visualize sua intenção.

10. Acenda sua vela enquanto faz sua petição.

11. Apague a vela quando for dormir ou sair de casa e acenda-a novamente quando voltar.

## Vestindo um refil para Vela de Vigília

Os refis da vela de vigília (*Vigil candle pull-outs*) também podem ser preparados como uma vela normal. Porém, com elas, temos a vantagem de poder vestir e decorar a superfície externa da cera antes de colocá-la no suporte de vidro.

**Você vai precisar de:**
- Recipiente para vela para vigília (*Glass vigil candle holder*)
- Refil de vela de vígilia simples
- Ferramenta de entalhar
- Óleo espiritual
- Conta-gotas ou pincel
- Purpurina e/ou ervas em pó
- Pano macio para limpar o glitter (uma camiseta velha funciona muito bem para isso)
- Ervas secas adicionais que apoiam a intenção do seu feitiço
- Papel de petição preparado
- Jornal para proteger a sua mesa

1. Antes de começar, seria bom colocar um jornal para coletar a cera entalhada e o excesso de glitter que cairão da vela.

2. Escolha uma vela de uma cor que apoie sua intenção.

3. Usando sua ferramenta de inscrição ou entalhe, pode entalhar palavras, sigilos, símbolos ou desenhos que apoiam sua intenção na lateral de sua vela. Faça cortes fundos e largos o suficiente para que purpurinas ou ervas em pó possam se encaixar nas ranhuras.

4. Usando um conta-gotas ou pincel, coloque o óleo espiritual nas inscrições entalhadas.
5. Polvilhe a vela com purpurina e/ou ervas em pó sobre as ranhuras.
6. Não se preocupe se sair das linhas. Limpe o excesso com um pano macio para que a maioria das ervas/purpurina fique apenas nas ranhuras.
7. Coloque sua vela no suporte de vidro para vigília.
8. Polvilhe uma pitada bem pequena das ervas que sustentam seu trabalho no topo da vela. Ao polvilhar suas ervas, pode pedir-lhes que apoiem a intenção do seu feitiço.
9. Se preferir adicionar um pouco mais de magia de cor, você pode polvilhar uma pequena quantidade de glitter da cor que combine com sua intenção no topo da vela.
10. Coloque o papel de petição dobrado sob o castiçal.
11. Segure uma ou ambas as mãos sobre a vela e ore sobre ela ou visualize sua intenção.

*Preparando um refil para vela de vigília (pull-out)*

12. Acenda sua vela enquanto fala as palavras do feitiço.

13. Apague a vela quando for dormir ou sair de casa e acenda-a novamente quando voltar.

## Série de velas de vigília

As velas de vigília podem ser feitas individualmente ou como uma série de duas ou mais velas. Se escolher fazer uma série, poderá fazê-las durante certo período de tempo ou com certo número de velas. (Verifique o capítulo 8 para obter mais informações sobre numerologia e como trabalhar com velas múltiplas consecutivamente.)

## Velas espirituais e velas do altar

Espiritualistas, devotos e pessoas que desejam a ajuda de seus ancestrais, divindades, santos, anjos ou guias espirituais podem usar uma vela para convidar um espírito a sua presença. Essas velas, às vezes, são chamadas de *velas do altar* ou *velas espirituais*. Não são velas feitas por um desejo ou feitiço, mas simplesmente uma forma contínua de homenagear e acolher um espírito ou pedir ajuda e proteção. Normalmente, uma vela maior que pode ser queimada durante vários dias é usada para este propósito: uma vela de sete dias ou uma vela de vigília são as mais usadas.

Escolha uma cor que esteja associada ao espírito específico, ou uma vela branca ou prata metálica, se não houver nenhuma associação de cor especial. Algumas pessoas escolhem uma vela de vigília envolta em vidro que é decorada com a imagem do santo ou divindade que estão invocando, mas se uma versão pronta não existir, pode facilmente fazer uma, colando uma imagem no vidro com cola branca, usando uma impressora de computador para fazer um adesivo de papel ou desenhando ou pintando o nome, símbolos ou uma imagem do espírito no vidro usando uma caneta de tinta.

Dedique sua vela espiritual segurando a vela e visualizando o espírito e falando palavras para convidá-los a sua presença. Você pode acender a vela durante o ritual enquanto convida o espírito a estar em sua presença ou durante a meditação, quando gostaria de se conectar com o espírito. Apague a vela quando quiser dispensar ou liberar o espírito. Algumas pessoas gostam de queimar essas velas espirituais com as velas mágicas, para obter o apoio do espírito que poderão ajudar em suas intenções.

Outra forma de trabalhar com este tipo de vela é construir um altar espiritual (um pequeno altar dedicado ao espírito) e permitir que a vela se mantenha acesa continuamente, sempre que estiver em casa e acordado.

Ao contrário das velas mágicas, as velas espirituais não são queimadas com a intenção de serem completadas, mas sempre que quiser convidar uma conexão, comunicação ou a ajuda de um espírito. Tradicionalmente, quando sua vela estiver pronta, o ideal é preparar e dedicar uma nova vela do mesmo tipo, acendendo-a com a chama da antiga. Você pode usar um fósforo ou uma vela cônica para transferir a chama da vela velha para a nova. Assim que a nova estiver acesa, apague a vela velha e jogue-a fora.

## Feitiços secretos

Na maioria das vezes, quando pensamos em feitiços, imaginamos belos altares espirituais cobertos com velas e energia irradiando, mas nem todos os feitiços podem ser feitos dessa maneira. E se você morar em uma casa com pessoas que não apreciam sua fabulosa Bruxaria? E se quiser fazer um feitiço para uma pessoa, mas não quer que ela saiba que está fazendo um feitiço para ela? Há momentos em que precisamos de nossa magia para dizer: "Estes não são os androides que você está procurando". (E assim, meu lado Star Wars aparece!).

Em sua jornada mágica, pode haver momentos em que vai desejar que seu feitiço passe despercebido. Quaisquer que sejam seus motivos, aqui estão algumas dicas para manter seu trabalho de feitiço escondido à vista de todos.

Primeiro, escolha uma vela que não pareça muito "mágica". As velas altas e as em forma de coluna têm uma aparência bastante mundana. Você pode ver velas como essas nas mesas de jantar, nos quartos ou nos banheiros e ninguém pensa duas vezes sobre elas. Na verdade, quase todo mundo costuma olhar para elas como velas não mágicas, o que pode funcionar a seu favor. Portanto, escolha uma dessas velas para o seu feitiço e vai conseguir mantê-lo em segredo.

Se realmente quiser manter segredo sobre isso, como no caso de "ninguém pode me ver queimar uma vela", pode usar uma vela muito pequena que vai queimar rapidamente e usá-la enquanto tenha um pouco de privacidade, seja acendendo a vela quando outras pessoas estiverem fora de casa ou até mesmo entrando em um banheiro trancado para fazer o seu feitiço. Uma vela típica queimará em menos de trinta minutos e uma vela de aniversário queimará em menos de cinco minutos.

Para manter as coisas em segredo e ainda assim ser mágico, pode aplicar um óleo na vela e ninguém ficará sabendo. Os óleos podem adicionar um brilho, mas a maioria das pessoas não mágicas não notará. Também não há necessidade de borrifar ervas se estiver tentando fazer sua vela funcionar imperceptível. Se enfeitar sua vela com uma mistura de óleo espiritual, estará aplicando as energias das ervas de uma forma quase invisível.

Você também pode esconder seu papel de petição dentro de um castiçal ou debaixo de uma bandeja. Se estiver fazendo seu feitiço com uma vela, pode usar um castiçal de metal tradicional. Escreva sua petição em um papel minúsculo e coloque-o no castiçal sob a vela. Se o seu castiçal tiver uma base oca, pode colocar seu papel de petição dentro da base dele que ficará praticamente invisível. Para velas de pilar maiores, queimadas em bandejas decorativas, pode colocar um papel de petição bem pequeno sob a vela, e deve ser imperceptível.

Se estiver trabalhando com uma vela grande, pode carregar a vela: faça um pequeno orifício no fundo dela, coloque seu papel de petição e todas as ervas dentro e sele o orifício com cera. Verifique o tópico Carregando uma Vela no capítulo 4 para obter detalhes.

# 7

# A Magia Especial das Velas Figurativas

Velas figurativas ou velas figurais são aquelas que representam algo visualmente. São velas moldadas na forma de algo reconhecível; por exemplo, um gato, um par de lábios ou uma figura humana. Velas figurativas trazem uma forte conexão visual simbólica, que acessa a parte mais profunda de nossa consciência.

Figuras simbólicas também podem funcionar como ferramentas de Magia Simpática, que é o ato de conectar um objeto mágico no qual está trabalhando para influenciar um alvo a distância. Um exemplo da cultura pop de magia simpática é uma "boneca vodu". Nos filmes, quando uma pessoa espeta uma boneca vodu com um alfinete, o alvo de sua magia sente uma dor naquela parte do corpo. A magia simpática não se trata apenas de causar dor a alguém; é mais frequentemente usadas para influenciar algo de forma positiva.

## Simbolismo das velas figurativas

Diferentes velas figurais podem ser usadas para diferentes tipos de magia. Aqui estão alguns exemplos de velas figurativas e para que elas podem ser usadas:

**Abraçando os amantes / Paixão dos amantes:** uma vela de amantes se abraçando (às vezes chamada de vela da paixão dos amantes ou vela do casal apaixonado) mostra dois amantes nus trancados em um abraço apaixonado. É usado em feitiços de amor de natureza sexual, magia sexual e feitiços para atrair mais paixão para um relacionamento.

**Anjo:** velas em formato de anjos são usadas para proteção, bênção ou trabalho com anjos e guias espirituais.

**Ankh:** é o símbolo da vida e é usado em feitiços para a imortalidade. É um símbolo especial do Kemetismo e da identidade cultural africana.

**Baphomet:** também chamado de Bode Sabático, Baphomet é usado em magia cerimonial e ritual gnóstico, bem como em feitiços para incitar a luxúria selvagem. As velas Baphomet também podem ser usadas em feitiços para unificar opostos, em feitiços de rebelião ou de liberdade e para quebrar maus hábitos, aumentar o poder ou para repelir a negatividade.

**Baú de tesouro:** velas usadas em feitiços para encontrar tesouros escondidos, riquezas, bênçãos e para abrir os presentes dentro deles.

**Borboleta:** velas borboleta são usadas para feitiços de transformação, renascimento, beleza, liberdade, evolução. Elas podem ser usadas para conectar entes queridos que já faleceram ou para quebrar laços ou hábitos ruins.

**Bruxa:** usada em feitiços para aumentar seus poderes como mágico ou para chamar um professor espiritual para trazer a você mais conhecimento esotérico. Também pode ser usada em feitiços de sorte, amor, reversão ou para receber bênçãos mágicas.

**Buda rindo:** o buda risonho, também conhecido como Hotei (japonês) ou Budai (chinês), é um espírito de prosperidade e de felicidade. Use uma vela do Buda risonho para trazer felicidade e abundância, amor, saúde ou qualquer propósito positivo.

**Cachorro:** velas caninas são usadas em feitiços para criar lealdade, constância e fidelidade. São excelentes como feitiços para atrair amizades que sobreviverão ao teste do tempo ou para garantir a fidelidade de um amante. Elas também podem ser usadas para feitiços para se conectar a animais de estimação e espíritos caninos, animais espirituais e divindades caninas.

**Caixão:** velas de caixão são usadas para terminar relacionamentos, eliminar situações difíceis de uma vez por todas, quebrar hábitos ruins, afastar pessoas indesejadas ou prejudicar inimigos.

**Caldeirão:** como este artefato é antes de tudo o símbolo da Bruxa, as velas de caldeirão são usadas para iniciações e ritos de passagem. Muitos usam essas velas para obter sabedoria espiritual. O caldeirão é o lugar da transformação, por isso, é usado em feitiços para transmutação. Também representa o útero e é usado em feitiços para fertilidade e gravidez.

**Casa:** as velas da casa são usadas em feitiços para trazer paz, amor, proteção ou prosperidade para o lar, para comprar ou vender uma casa, para evitar que sejam despejados ou para encontrar uma nova situação de vida.

**Casamento (noiva-noivo):** velas de casamento ou velas de casais são usadas para obter uma proposta, ter uma proposta aceita, fortalecer um compromisso, abençoar um casal ou melhorar um casamento. Elas também podem ser usadas em feitiços de amarração, quando uma pessoa é ligada a outra. Em outros tipos de feitiços (como feitiços de banimento ou limpeza), ou podem ser usadas simplesmente para representar um casal.

**Cavalo:** o cavalo é um antigo símbolo de coragem, riqueza e sucesso. Use a vela do cavalo em feitiços para empreendimentos bem-sucedidos, coragem, espírito e conexão com cavalos, animais espirituais e divindades de cavalos.

**Caveira:** usada em feitiços para afetar e influenciar a sua própria mente ou a mente de outra pessoa, e para se conectar aos ancestrais. Também pode ser usada para abrir a comunicação mental ou verbal, para a saúde mental, para melhorar a inteligência, para a sabedoria ou para o sucesso acadêmico.

**Chefe Nativo Americano / Black Hawk:** velas figurativas nativas americanas são usadas em feitiços espiritualistas para se conectar ao espírito de Black Hawk, um líder de guerra da tribo Sauk. Use uma vela Black Hawk para feitiços de justiça, especialmente quando confrontado com opressão institucional e se estiver conectado com ancestrais nativos americanos.

**Coração:** usada em feitiços para paixão, romance, cura de emoções, empatia e amor entre amantes, família ou amigos.

**Coruja:** a vela da coruja é usada para feitiços de sabedoria, silêncio, segredos, transição de um estado para outro, aprendizado, conhecimento arcano ou educação.

**Cruzar:** as velas cruzadas são usadas por praticantes cristãos para bênçãos e proteção divinas, petições a Jesus ou conexão com a consciência de Cristo. Elas podem ser usadas como velas de altar para serviços espíritas ou para descruzar feitiços. Uma vela cruzada pode ser usada com outras velas para garantir que seus desejos sejam atendidos como "a vontade de Deus".

**Deusa de Willendorf / Vênus de Willendorf:** a Deusa de Willendorf (também chamada de Vênus de Willendorf) é uma estátua da fertilidade criada em 22.000 AEC. Usada em feitiços para abundância, fertilidade e conexão com a natureza, para os ancestrais, vidas passadas e divindades antigas.

**Diabo:** velas do diabo são usadas para invocar, expulsar ou controlar o diabo ou os espíritos malignos. Também são usadas para comandar e controlar feitiços, bem como para trabalhar com maldições. Além disso, as velas do diabo também podem ser usadas em feitiços para incitar a luxúria, paixão, hedonismo, libertinagem, obter dinheiro rápido ou pagar dívidas.

**Divórcio/casal de costas:** esta é uma vela com uma figura masculina e feminina voltadas uma para a outra e é usada para separar ou romper feitiços entre um casal. Não tem que ser necessariamente para um divórcio raivoso. Dependendo das ervas e óleos usados, também podem ser usadas para se separar de alguém de forma pacífica e permanente.

**Estrela:** uma vela estelar é usada para conectar-se aos reinos astrais, para desejos, esperanças e sonhos e para encontrar o seu caminho em feitiços de viagem segura.

**Falo / pênis:** uma vela falo é usada em feitiços para atração, magia sexual, paixão, virilidade e controle sobre seu próprio pênis ou o de outra pessoa.

**Ferradura:** símbolo de sorte contínua. Usada em feitiços para apoiar a boa sorte, reverter o azar, para apostar na sorte e para convidar a sorte contínua em um empreendimento ou situação.

**Figura nua:** a figura nua de um homem ou de uma mulher representa o eu autêntico. Use uma vela figurativa nua em um feitiço para representar a si mesmo ou alguém que você está trabalhando, seja conhecido ou desconhecido. A vela em forma de uma figura nua também pode ser usada em feitiços mágicos simpáticos, como um boneco de feitiço ou o que é comumente chamado de "boneca vodu".

**Gárgula:** velhas figuras europeias de dragões e outras criaturas fantásticas. Representadas em velas, são usadas para expulsar espíritos malignos, proteção feroz, construção de riqueza e em feitiços para chamar guardiões espirituais.

**Gato:** usadas em feitiços em que se deseja "pegar" alguma coisa ou que algo seja trazido para você. Também podem ser usadas para feitiços para se conectar a animais de estimação, espíritos felinos, animais espirituais e divindades felinas. Frequentemente, são usadas para transformar a má sorte em boa e para reverter feitiços.

**Lábios:** velas em forma de lábios são usadas para feitiços para abrir a comunicação, romance, paixão, interromper a fofoca e melhorar as habilidades de fala.

**Lâmpada de Aladim:** esta vela é usada para pedidos sinceros e intensos que deseja manifestar, iluminação espiritual ou mental ou para se conectar ou comandar djinn ou gênios.

**Maçã:** são usadas para feitiços de amor de qualquer tipo – amor-próprio, garantindo um amor comprometido e duradouro ou tentando alguém para um caso ilícito e apaixonado. Velas de maçã também são queimadas em homenagem a Afrodite, a Deusa do Amor, e para feitiços de fertilidade, beleza e glamour. Elas também podem ser usadas para feitiços de imortalidade, juventude e saúde.

**Múmia:** a figura de uma múmia egípcia é usada em feitiços para se conectar a espíritos, vidas passadas, para pedir a ajuda de ancestrais ou para se conectar ao Antigo Egito ou à magia Kemética.

**Orando com as mãos:** velas com as mãos em oração são usadas para amplificar e capacitar orações e petições por bênçãos. Também podem ser usadas para melhorar a meditação, para se conectar ao eu divino interior ou para se conectar a divindades.

**Os Três Macacos Sábios:** "não ouvir nenhum mal, não ver nenhum mal, não falar nenhum mal". Esses são os preceitos dos três macacos. Essas velas são usadas em feitiços para interromper a fofoca, liberar hábitos ruins e cultivar o que é certo. Pensamentos, palavras e ações importantes em você mesmo ou nos outros.

**Pã:** antigo Deus grego da natureza. As velas podem ser usadas para celebrar a selvageria, vitalidade, sexo, luxúria, fertilidade e hedonismo. Elas também podem ser usadas na veneração de Pã.

**Pirâmide:** as pirâmides do Egito são monumentos impressionantes, misteriosos e poderosos que resistiram ao teste do tempo. A vela da pirâmide é usada em feitiços para construir riqueza, sucesso, poder e resultados fortes e duradouros em qualquer área da vida.

**Rainha egípcia / Nefertiti:** uma vela rainha egípcia é usada para dar poder feminino, confiança, coragem, sucesso e poder sobre os outros. Também é usada para se conectar ao espírito da Rainha Nefertiti, outras rainhas egípcias ou divindades egípcias.

**Rei egípcio / Faraó / Tutancâmon:** a vela do rei egípcia é usada para dar poder masculino, confiança, coragem, sucesso e poder aos outros. Também usada para se conectar ao espírito de Tutancâmon, outros faraós ou divindades egípcias.

**Rosa:** uma vela rosa é usada para invocar um profundo amor espiritual ou em feitiços de beleza. As rosas são usadas para venerar ou invocar Maria, Afrodite, Adônis ou Santa Muerte. Elas também são proeminentes nos serviços espíritas. Alternativamente, podem ser usadas em feitiços para confidencialidade ou para impedir que segredos sejam descobertos.

**Santa Muerte:** é uma figura sagrada venerada no México. Velas neste formato são usadas para o amor, fortuna, cura, proteção e para uma passagem segura para a vida após a morte. Também são usadas em feitiços para venerar Santa Muerte.

**Selo de Salomão / Estrela de Davi:** símbolos do judaísmo, essas velas podem ser usadas em feitiços para alquimia, unindo os elementos, proteção e bênção e expulsando demônios ou energia demoníaca.

**Sol:** uma vela solar é usada para trazer fama, reconhecimento, cura, felicidade e para fortalecer e expor segredos ou mentiras.

**Trevo-de-quatro-folhas:** essas velas são usadas para feitiços de boa sorte em geral, para transformar má sorte em boa e feitiços em que gostaria de sorte em quatro áreas de sua vida.

**Vela de 7 dias:** é usada em feitiços de qualquer tipo que são lançados ao longo de sete dias. É usada definindo a intenção do seu feitiço e depois queimando um sessão por dia durante sete dias consecutivos.

**Virgem de Guadalupe:** usada para fertilidade, maternidade, filhos, feitiços de bênção e para venerar a Virgem de Guadalupe ou para pedir bênçãos à Virgem Maria.

**Vulva / vagina:** usadas em feitiços para atração e magia sexual, paixão, fertilidade e controle sobre sua própria vagina ou a de outra pessoa.

## Feitiço de vela figurativa básico

Cada vela figural tem sua força específica, mas é possível dar aqui uma orientação geral para trabalhar com uma dessa velas. No capítulo 8, você encontrará trabalhos mais complexos de velas figurativas, como adicionar velas de suporte e criar layouts.

**Você vai precisar de:**

- Vela figurativa
- Óleo espiritual
- Ervas secas ou em pó
- Ferramenta de inscrição
- Bandeja ou prato
- Petição
- Glitter (opcional)

1. Escolha uma vela com a forma e a cor que corroboram sua intenção.

2. Escreva suas intenções na vela. Você pode escrever o nome do seu alvo, palavras ou frases (por exemplo, "amor", "sorte", "saúde perfeita"). Escreva horizontalmente sobre a vela ou verticalmente, para cima, da base ao pavio, para as coisas que deseja trazer; ou para baixo, do pavio em direção à base, para coisas que deseja limpar.

3. Enrole a vela com um óleo espiritual que apoiei sua intenção, aplicando várias gotas de óleo em sua mão e esfregando-o na superfície da vela. Foque sua intenção visualizando seu bom resultado ou pronunciando suas palavras de feitiço. Sinta a energia de sua intenção movendo-se por suas mãos para a vela enquanto a aplica para cima para coisas que deseja trazer, ou para baixo para coisas que deseja limpar.

4. Polvilhe uma erva ou purpurina ou ambos na vela. Ervas secas, leves, esfareladas ou em pó aderirão melhor. Apenas uma leve aspersão é segura e eficaz em seu feitiço. Glitter não é inflamável e pode ser adicionado com segurança.

5. Coloque o papel da petição sob a bandeja.

6. Coloque sua vela na bandeja.

7. Polvilhe ervas mais pesadas e mais grossas ao redor da base da vela.

8. Acenda sua vela enquanto fala as palavras do feitiço.

9. Apague a vela quando for dormir ou sair de casa e acenda-a novamente quando voltar.

## Feitiços de vela flutuante

As velas flutuantes são singulares porque são as únicas projetadas para serem usadas em feitiços com o elemento dos sonhos, das emoções e dos espíritos – a Água. Então, se realmente desejar incorporar o místico em sua magia, um feitiço de vela flutuante vai permitir que amplifique essa energia. Você pode usar águas especiais na tigela, como água benta, infusões de ervas, água de fontes sagradas (poços, lagos, oceano, água da chuva, neve derretida, etc.) ou água carregada pelo luar. Ao queimar uma vela mágica na água, você também a imbui com a essência de sua intenção e pode usá-la em banhos, regar plantas ou em um borrifador para abençoar um ambiente.

### Um feitiço de vela flutuante

**Você vai precisar de:**

- Tigela ou caldeirão
- Água de nascente (ou qualquer água especial)
- Flores frescas alinhadas com sua intenção
- Gemas alinhadas com sua intenção
- Vela flutuante
- Óleo espiritual

1. Coloque as pedras preciosas em sua tigela ou caldeirão.

2. Despeje a água na tigela.

3. Flutue flores frescas na água.

4. Vista e abençoe sua vela com um óleo espiritual e palavras de sua intenção.
5. Flutue sua vela na água.
6. Acenda sua vela, expressando sua intenção.
7. Deixe a vela queimar até o fim. Se sair de casa ou for dormir, apague a vela e volte a acendê-la quando acordar ou voltar.
8. Não use água para apagar a vela, pois pode causar uma perigosa bola de fogo.
9. Uma vez que a vela tenha queimado completamente, remova as flores e deixe-as em um canteiro, jardim ou em algum lugar que possa agradecer e abençoar a terra.
10. Remova as pedras preciosas e coloque-as no altar ou guarde-as.
11. A água pode ser devolvida a um lugar com terra, guardada para um spray de bênção, adicionada a um banho de limpeza ou usada para regar uma planta.

# 8

# Poder em Números

Os fundamentos da magia da vela começam com o acendimento de uma única vela para um único propósito, mas pode haver muitos motivos para queimar várias velas.

## Acendendo múltiplas velas consecutivamente

Se você está trabalhando magicamente em um projeto de longo prazo e deseja manter o feitiço focado e com alta energia, pode queimar velas consecutivamente, ou seja, acender uma vela e, quando ela terminar de queimar, acender outra idêntica para o mesmo propósito. Velas consecutivas podem ser queimadas de algumas maneiras: queimar um número específico de velas; acender velas por um determinado período de tempo ou acender velas até que o resultado seja alcançado. Um exemplo seria queimar um número específico de velas, podendo ser sete velas amarelas, uma após a outra, para dar sorte.

Acender velas durante um determinado período de tempo pode ser um feitiço para obter uma boa nota em um curso, por exemplo, com a primeira vela sendo acesa no início do semestre e as velas subsequentes sendo queimadas uma após a outra até o último dia do semestre.

Para atrair um novo amante, você pode acender uma vela até que o resultado seja alcançado, com as velas sendo queimadas uma após a outra até que o novo amor entre em sua vida.

## Acendendo múltiplas velas simultaneamente

Se estiver trabalhando em mais de um feitiço ou em um problema que tem várias facetas, pode queimar várias velas ao mesmo tempo para lidar com as diferentes partes.

Várias velas podem ser direcionadas a um feitiço. Por exemplo, ao fazer um feitiço para o sucesso financeiro você pode queimar uma vela para a prosperidade, outra para o sucesso em geral e uma terceira para remover quaisquer bloqueios que possam estar no caminho.

Múltiplas velas também podem ser acesas para diferentes feitiços simultaneamente, desde que esses feitiços não entrem em conflito entre si. Por exemplo, você pode acender uma vela para um feitiço de amor e outra para um feitiço de dinheiro ao mesmo tempo. Você realmente estaria fazendo dois feitiços diferentes, então, tecnicamente, não é um feitiço de velas múltiplas. Sempre me perguntam se é normal ou não queimar dois ou mais feitiços de velas separados ao mesmo tempo; nunca achei que isso causasse um problema. Porém, tenha cuidado. Procure evitar fazer feitiços de velas com objetivos conflitantes. Por exemplo, acender duas velas diferentes para conseguir dois empregos diferentes, quando o que realmente deseja é apenas um dos empregos. Isso divide sua atenção e projeta confusão e falta de foco. Nesse caso, escolha o trabalho que mais deseja e faça um feitiço para ele, ou faça um feitiço mais geral para conseguir o "melhor" trabalho.

## Acendendo uma vela mestra com velas de suporte

Você também pode queimar uma vela principal, que é chamada de *vela mestra*, com *velas de suporte* para amplificar sua intenção. As velas mestras são geralmente maiores, mais largas ou uma vela figural; já as de suporte são geralmente menores e podem ser dispostas ao redor ou ao lado da vela mestra. Velas de suporte nos permitem trazer numerologia, cores adicionais, layouts de formas e mais variedade e personalização em nosso feitiço.

Velas mestras podem ser queimadas para uma certa intenção, mas também para trazer o poder de certos números para o seu feitiço. Por exemplo, para construir uma prosperidade forte e duradoura, você pode fazer um feitiço com uma vela mestra da prosperidade cercada por três velas menores de suporte, para um total de quatro velas. Mais a frente falaremos sobre numerologia.

As velas de suporte também permitem que sejam adicionadas cores diferentes ao seu trabalho de feitiço, podemos usar velas rosas para um amor centrado, velas vermelhas para um amor apaixonado. Ou um feitiço de prosperidade com velas verdes e amarelas (verde para crescimento e amarela para sucesso). Para mais informações sobre magia de cores, consulte o capítulo 2.

Uma configuração com uma vela mestra e velas de suporte também pode ser usada para representar diferentes forças e pessoas em um feitiço. Por exemplo, você pode ter uma vela mestra representando a petição ou desejo e velas de suporte representando as pessoas para as quais o desejo se destina. Ou pode ter uma vela mestra representando uma divindade e uma vela de suporte representando a petição e ainda outras representando as pessoas que receberão os benefícios do trabalho de feitiço.

Velas de suporte também nos permitem organizar as velas em layouts e arranjos em forma que trazem uma camada extra de significado a um feitiço. Por exemplo, ter uma vela mestra para proteção cercada por velas menores de suporte em um círculo para fornecer uma barreira de proteção. (Para mais informações sobre layouts, consulte o capítulo 9). À medida que ganha mais experiência em magia de velas, incorporar mais velas em seus feitiços abre mais oportunidades para personalizá-los.

## Vela de suporte para representar uma pessoa

Escolher uma vela para representar outra pessoa requer algumas opções. A maioria dos lançadores de feitiços vai escolher uma vela figurativa no formato de uma pessoa para representar os indivíduos envolvidos, mas também pode usar uma vela cônica ou uma vela de vigília para representar a pessoa. Escolha uma vela na cor que represente as qualidades daquela pessoa ou as qualidades que deseja que ela tenha. Ou, se você sabe a data de nascimento da pessoa, pode escolher uma vela em uma das cores que corresponde ao seu signo solar.

**Aries:** vermelho ou laranja

**Touro:** verde ou rosa

**Gêmeos:** amarelo ou azul-claro

**Câncer:** prateado ou branco

**Leão:** dourado ou roxo

**Virgem:** marrom ou verde

**Libra:** rosa ou azul-claro

**Escorpião:** vermelho ou preto

**Sagitário:** azul ou laranja

**Capricórnio:** preto ou marrom

**Aquário:** azul ou branco

**Peixes:** lilás ou verde-claro

Escreva o nome ou as iniciais da pessoa na vela para ligar a energia da vela ao indivíduo.

## Numerologia em feitiços de vela

Numerologia é o estudo do simbolismo, significado e energia dos números. Se você goste de trabalhar com as vibrações dos números, pode incluir números mágicos em seus feitiços, pois eles são outra forma de dar um impulso extra de poder.

Assim como os símbolos podem ter significados mágicos (por exemplo, um coração que significa amor), os números têm significados simbólicos. Podemos interpretar esse significado mágico quando os números nos são apresentados (por exemplo, quando vemos um relógio digital marcando 4:44). Também podemos invocar esses números quando queremos trazer suas vibrações. Na maior parte, concentramo-nos nos números de um único dígito como números de potência.

**Número 1:** princípios, unidade, novidade, concentração focada, independência, originalidade, ambição, vontade, autoconfiança, liberdade, força, iniciativa, novos empreendimentos, essência, identidade, paz.

**Número 2:** dualidade, parceria, divisão, escolha, cooperação, harmonia, apoio, diplomacia, paciência, paternidade, educação, lar, casamento, amor romântico, contraste.

**Número 3:** trindade, união do divino e humano, expressão, criatividade, otimismo, entusiasmo, alegria, família, fertilidade, filhos, talento, comunicação, escrita, movimento, tempo.

**Número 4:** preocupações materiais, praticidade, ordem, lógica, trabalho duro, lealdade, construção, responsabilidade, fundamentos, concentração, paciência, resistência, saúde, trabalho, imobiliário.

**Número 5:** aventura, adaptabilidade, mudança, liberdade, exploração, variedade, sensualidade, curiosidade, viagem, imaginação, versatilidade, questões jurídicas.

**Número 6:** beleza, harmonia, equilíbrio, nutrição, compreensão, cura, dever, conforto, serviço, comunidade, romance, justiça, chance.

**Número 7:** espiritualidade, boa sorte, filosofia, sabedoria, fé, natureza divina, invenção, contemplação, introspecção, esoterismo, perfeição, autoridade, imagem pública, religião.

**Número 8:** realização, força, autodisciplina, poder, sucesso, autoridade, manifestação, ambição, realização, renovação, dinheiro, prosperidade, carreira.

**Número 9:** conclusão, culminação, desejos se tornando realidade, mudança, graduação, evolução, próximos passos, finais.

Existem, ainda, dois números especiais que aparecerão na magia e que estão fora do intervalo de 1 a 9.

**Número 11:** número mestre, profecia, intuição, iluminação, adaptabilidade, sensibilidade, consciência, habilidade psíquica.

**Número 13:** sorte, sucesso apesar das probabilidades, transformação, magia, manifestação. Existem várias maneiras de incorporar esses números em seu encantamento e adicionar outro nível de intenção à sua magia.

## Feitiços multivelas

Você pode fazer uma magia usando a quantidade de velas que suporte numericamente seu feitiço. Por exemplo, um feitiço de fertilidade usando três velas diferentes simultaneamente ou um feitiço de prosperidade com quatro velas únicas queimadas consecutivamente.

### Acender uma única vela durante um certo número de dias

Queimar velas por vários dias e escolher um número de dias que tenha significado numerológico também funciona. Por exemplo, você pode queimar uma vela de sete cores[10] ao longo de sete dias ou trabalhar com uma vela cônica alta e queimá-la durante nove dias.

### Acendendo uma vela por um certo período de tempo

Em vez de queimar cada um dos segmentos de uma vela por dia, você pode cronometrar a queima da sua vela por determinado número de minutos ou horas a cada dia. Se escolher este método, não poderá controlar o número de dias em que a vela é acesa.

### Iniciando uma vela em um determinado momento

Outra maneira de incorporar a numerologia ao seu trabalho é iniciar o feitiço da vela em uma determinada hora, começando na hora (por exemplo, às 8:00) ou escolhendo um número repetido como 2:22.

### Adicionando determinado número de ervas ao seu feitiço

Conforme adiciona ervas ao seu feitiço, pode querer considerar o número de ervas ou itens que vai usar. Por exemplo, adicionar sete ervas a um feitiço para conectá-lo aos seus guias espirituais.

---

10. N. do T.: vela de sete dias com sete separações de cores distintas. Na Umbanda é conhecida como vela das sete linhas. No âmbito esotérico é conhecida como vela dos sete chacras ou vela arco-íris.

## Trabalhando com Números em uma Vela de Vigília

Se for revestir uma vela de vigília fazendo buracos ao redor do pavio, o número padrão é sete, no entanto, se quiser usar um número diferente que se alinhe mais de perto com sua intenção, pode fazer isso para amplificar a energia de seu feitiço.

## Outras maneiras de usar a numerologia em seu feitiço

Ao trabalhar com números, discutimos apenas a escolha de um número que corresponda à sua intenção. No entanto, outros números especiais podem ser trabalhados, como datas, endereços, números da sorte e assim por diante.

### Como trabalhar com múltiplos dígitos

Sempre que chegar a um número com dois ou mais dígitos, pode usá-los de duas maneiras: olhando para cada dígito individualmente ou somando os dígitos juntos para reduzi-los a um único número mestre. Então, por exemplo, se você tem um número 21, pode usar a energia do 2 e do 1 e então pode somar 2 + 1, que é igual a 3. Ao entrar em datas, como as de nascimento, aniversários ou datas potenciais para começar seu trabalho de feitiço, o método é somar os números do dia, mês e ano juntos e reduzi-los a um único número. Por exemplo, a data 4 de julho de 1776 é 4 + 7 + 1 + 7 + 7 + 6 = 32, que precisa ser ainda reduzido a 3 + 2 = 5. Portanto, o número com o qual vai trabalhar para acessar a energia desta data é o 5.

### Usando numerologia e datas para começar seu feitiço

A numerologia se presta muito bem ao trabalho com datas. Você pode trabalhar com numerologia para escolher a data de início do feitiço com vela. Caso pretenda fazer um feitiço para apoiar a manifestação bem-sucedida de um projeto e decidiu trabalhar com o número oito, por exemplo, pode esperar até chegar ao dia "oito" para iniciar o feitiço. A maneira mais simples de fazer isso é esperar até um dia do mês que se reduza a oito, como o próprio dia 8, o dia 17 (1 + 7 = 8) ou 26 (2 + 6 = 8) do mês.

Se quiser entrar em uma numerologia mais complexa, pode adicionar o mês e o ano à mistura e reduzir para oito. Se estiver procurando por uma data de início do feitiço que reduza completamente a 8, a maneira certa de fazer isso é começar primeiro com a data atual.

Hoje é 4 de junho de 2020

$4 + 6 + 2 + 0 + 2 + 0 = 14$

$14 = 1 + 4 = 5$

Então, hoje seria um dia 5.

Depois de determinar o número da data de hoje, simplesmente some o número 1 para cada dia adicional

5 de junho de 2020 = 6

6 de junho de 2020 = 7

7 de junho de 2020 = 8

Assim, trabalhando com numerologia, o próximo dia oito, após a nossa data de início, que é 4 de junho, seria 7 de junho de 2020.

### Combinando numerologia com outros fatores

Se quiser adicionar ainda mais poder à data de lançamento do seu feitiço, pode incorporar fases da lua, signos lunares, astrologia, hora de início e assim por diante, além da numerologia.

Por exemplo, um feitiço de amor pode ser iniciado em uma quarta-feira e terminado dois dias depois, que cai em uma sexta-feira, com uma Lua crescente no signo de Touro às 02h22. Uau, isso é muito! Normalmente as pessoas não ficam tão preocupadas com o horário de início de seus feitiços. Não se sinta na obrigação de trabalhar com esse nível de detalhe. Trabalhar com um ou dois métodos de temporização já está bom.

### Trabalho com datas especiais

Outra forma de trabalhar com numerologia pode ser arranjar números especiais para determinadas datas.

Se estiver fazendo um feitiço para influenciar uma pessoa, você pode pegar a data de nascimento dela, reduzi-la a um único número e fazer um feitiço incorporando aquele número de velas ou ervas para adicionar outra camada de conexão com a pessoa. Pode também trabalhar com aniversários da mesma maneira.

Esse tipo de numerologia também pode ser usado em coisas não relacionadas às pessoas. Se estiver se candidatando a um emprego, por exemplo, poderá usar a data de fundação dessa empresa em seu trabalho de feitiço para influenciá-los a contratá-lo.

### Trabalhando com Endereços

Outra maneira interessante de trabalhar o poder dos números em seu feitiço é usando o número do endereço de uma casa ou prédio. Se o seu feitiço envolve a compra ou venda de uma casa, o aluguel de um apartamento, a obtenção de um emprego em um determinado local ou qualquer outra coisa associada a um edifício, você pode criar uma conexão profunda com o local incorporando o número do imóvel ao seu feitiço.

Apenas reduza os números do endereço a um único e incorpore-o em seu trabalho de feitiço adicionando a mesma quantidade em velas ao número de dias que a vela queima ou número de ervas usadas na vela. Por exemplo, se o endereço for 2509 Main Street Unit 7, adicione 2 + 5 + 0 + 9 + 7 = 23 e, em seguida, reduza 2 + 3 = 5. Use esta chave número 5 no trabalho de feitiço para se conectar ao local de maneira poderosa.

### Números da sorte

Muitas pessoas têm um número da sorte favorito, que pode ser usado em feitiços para melhorar e fortalecer a conexão entre você e sua magia, ou o número da sorte de outra pessoa se estiver fazendo um feitiço para fortalecer a conexão entre o trabalho e ela.

## Feitiços de vários dias

Esses feitiços podem ser feitos queimando uma vela em segmentos ao longo de um determinado número de dias ou queimando velas individuais, uma a cada dia, ao longo de um certo número de dias.

### Feitiço de vários dias feito com uma única vela

Um feitiço queimando uma única vela por vários dias pode ser feito com qualquer vela. Você só deve escolher uma vela do tamanho apropriado para o número de dias que espera queimá-la. É difícil fazer uma vela de aniversário queimar mais de um dia, e é impossível queimar uma vela de vigília ou uma vela grande em menos de um dia.

Existem alguns métodos diferentes de acender uma vela durante um certo número de dias. O método mais fácil é apenas estimar e queimar a vela por uma quantidade aproximada ao longo de cada um dos dias. Se quiser ser mais preciso, antes de começar o feitiço você pode fazer ranhuras criando segmentos na cera e queimá-las até a marca a cada dia. Outra forma de marcar esses segmentos é com alfinetes retos. Uma alternativa é obter velas especialmente criadas para queimar em segmentos.

Algumas velas são especialmente projetadas para serem queimadas durante vários dias. Uma vela segmentada é uma vela única composta de sete partes individuais. A ideia por trás da vela segmentada é que você queime uma parte dela por dia ao longo de sete dias.

Poder em Números | 143

*Vela segmentada e velas cônicas com marcadores de seguimento*

## Feitiço de vários dias concluído com uma vela segmentada

**Você vai precisar de:**

- Vela de 7 dias
- Prato ou bandeja
- Ferramenta de inscrição de cera
- Óleo espiritual
- Ervas secas
- Glitter
- Abafador

1. Escreva suas intenções na vela. Você pode escrever uma única palavra ou frase curta sete vezes – uma vez em cada um das partes (por exemplo, "amor", "sorte", "saúde") – ou pode escrever sete palavras ou frases diferentes, uma diferente em cada cor, desde que todos pertençam ao mesmo feitiço. Escreva na vela horizontalmente ou verticalmente: da base ao pavio para as coisas que deseja trazer ou do pavio à base para as coisas que deseja limpar.

2. Enrole a vela com um óleo espiritual que apoie sua intenção, aplicando várias gotas de óleo em sua mão e esfregando-o na superfície da vela. Novamente, aplique da base ao pavio para coisas que deseja trazer ou do pavio à base, para coisas que deseja limpar.

3. Ao aplicar o óleo e segurar a vela, visualize seu objetivo mágico, diga as palavras do feitiço e sinta a energia passando de suas mãos para a vela.

4. Polvilhe glitter, ervas (ou ambos) na vela. Ervas secas e leves em pó aderirão melhor. Ervas mais grossas e pesadas, como raízes ou pedaços de resina podem precisar ser trituradas em um almofariz ou pilão antes de grudar na vela. Não exagere com as ervas. Algumas são inflamáveis e pegam fogo quando a vela queima. Apenas uma leve aspersão é segura e eficaz em seu feitiço. A maioria das purpurinas não é inflamável e pode ser adicionada com segurança.

5. Coloque sua vela na bandeja. Se estiver tendo problemas para mantê-la estável, pode aquecer sua parte inferior com um fósforo ou isqueiro e pressioná-la na bandeja.

6. Polvilhe as ervas mais pesadas em torno da base da vela.

7. Acenda sua vela enquanto faz sua petição.

8. Quando uma das partes estiver completamente queimada, apague sua vela.

9. No dia seguinte, acenda-a novamente e queime outra parte. Apague a vela quando estiver concluída.

10. Repita as etapas 7 a 9, queimando uma cor por dia até que a última parte se acenda. Deixe a vela queimar até o fim.

## Feitiço de vela cônica dividida em segmentos com alfinetes

Feitiços de velas de vários dias também podem ser feitos com velas simples e alfinetes retos. Divida a vela cônica em segmentos iguais empurrando os alfinetes nas laterais. No próximo exemplo veja um trabalho que se estende por três dias, mas você pode adaptá-lo ao número de dias que melhor corresponder à sua intenção.

**Você vai precisar de:**
- Vela alta cônica de cera de abelha
- Prato ou bandeja plana
- Óleo espiritual
- Ervas secas
- Glitter
- Três pinos retos
- Abafador

1. Enrole a vela com um óleo espiritual que apoie sua intenção, aplicando várias gotas de óleo em sua mão e esfregando-o na superfície da vela. Aplique da base ao pavio para coisas que deseja trazer ou do pavio à base para coisas que deseja limpar.

146 | O Livro da Magia das Velas

2. Polvilhe glitter, ervas (ou ambos) na vela. Ervas secas e leves em pó aderirão melhor. Ervas mais grossas e pesadas, como raízes ou pedaços de resina podem precisar ser trituradas em um almofariz ou pilão antes de grudar na vela. Apenas uma leve aspersão é segura e eficaz em seu feitiço. A maioria das purpurinas não é inflamável e pode ser adicionada com segurança.

3. Estime ou meça cerca de um terço do caminho desde o topo da vela e empurre um alfinete em sua lateral.

4. Meça outro terço do caminho para baixo e insira um alfinete na lateral da vela.

5. Finalmente, empurre o último alfinete na base da vela, quase na parte inferior.

6. Aqueça a base da vela com um fósforo ou isqueiro para derreter levemente a cera e fixe-a na bandeja ou prato.

7. Fale suas palavras de feitiço e acenda a vela.

8. No primeiro dia, deixe um segmento queimar até que o alfinete caia. Em seguida apague a vela.

9. No segundo dia, queime outro segmento até que o segundo alfinete caia e então apague a vela.

10. No terceiro dia, deixe a vela queimar completamente.

11. Assim que o feitiço da vela for concluído você pode recuperar os alfinetes e usá-los para manter a energia do feitiço. A maneira típica de trabalhar com alfinetes é escondê-los, prendendo-os em cortinas, sob os móveis, em carpetes ou no forro da roupa para manter a influência mágica fluindo.

## Acendendo velas sem medidas

Claro, sempre se tem a opção de queimar uma parte de qualquer vela a cada dia durante um número específico de dias apenas por estimativa, sem precisar usar cores ou pinos ou ser preciso na medição dos segmentos queimados a cada dia. Por exemplo, se decidir que deseja queimar uma vela por três dias, pode deixá-la queimar cerca de um terço a cada dia, permitindo que queime completamente no terceiro dia. Claro, para um pouco mais de precisão, você pode marcar segmentos antes de preparar a vela usando um gravador para fazer linhas na lateral da vela, ou marcar as laterais do pote com uma caneta de tinta para velas envoltas em vidro e usar como um guia aproximado.

Vale a pena repetir que se você está pensando em queimar uma vela em segmentos, a única coisa que pode levar em consideração é que se tiver uma vela grande, como uma de vigília ou um pilar grande, será melhor queimá-la durante um maior número de dias. Não será possível queimar uma vela grande completamente em dois ou três dias.

## Feitiço de vários dias com várias velas

Esses feitiços podem ser feitos com velas individuais durante vários dias. Você pode escolher queimar várias versões da mesma vela por uma série de dias ou pode queimar velas diferentes em direção a um único objetivo.

O objetivo é completar uma vela a cada dia, portanto, certifique-se de que todas as velas que escolher sejam pequenas o suficiente para queimar em 24 horas. As velas ideais para este tipo de trabalho são as finas, que têm o mesmo tamanho das velas de carrilhão ou velas de Hanukkah; pequenas velas, que são do tamanho de velas de aniversário, ou velas rechaud. Velas votivas pequenas e velas grossas, que têm a mesma espessura das velas regulares, mas cerca de 12 cm de altura, podem ser usadas, mas como podem queimar por várias horas pode ser mais difícil de controlar em termos de garantir que são capazes de queimar completamente a cada dia.

### Feitiço de vários dias com várias velas iguais

**Você vai precisar de:**

- Várias pequenas velas da mesma cor e estilo
- Assadeira, prato ou bandeja plana
- Óleo espiritual
- Ervas secas
- Glitter (opcional)

148 | O Livro da Magia das Velas

1. Revista cada uma das velas com um óleo espiritual que apoie sua intenção, aplicando várias gotas de óleo em sua mão e esfregan-do-o na superfície da vela. Aplique da base ao pavio para coisas que deseja trazer ou do pavio à base para coisas que deseja limpar.

2. Polvilhe glitter, ervas (ou ambos) em cada vela. Ervas secas e leves em pó aderirão melhor. Ervas mais grossas e pesadas, como raízes ou pedaços de resina podem precisar ser trituradas em um almo-fariz ou pilão antes de grudar na vela. Apenas uma leve aspersão é segura e eficaz em seu feitiço. A maioria das purpurinas não é inflamável e pode ser adicionada com segurança.

3. Aqueça o fundo de cada vela com um fósforo ou isqueiro e pres-sione-o na bandeja. Você pode colocar as velas em um layout que apoie sua intenção.

4. Acenda a primeira vela enquanto faz sua petição.

5. Deixe a vela queimar até que esteja completa. Se tiver que sair ou ir dormir antes que sua vela esteja completa, apague-a (não assopre) e acenda-a novamente quando voltar.

6. No dia seguinte, acenda sua segunda vela e deixe-a queimar até que esteja completa.

7. Continue repetindo até que tenha queimado todas as velas.

## Feitiços de vários dias e várias velas diferentes

Também é possível queimar várias velas de cores diferentes ao longo de vários dias. Contanto que todas apoiem o mesmo objetivo, elas fazem parte do mesmo feitiço. Isso geralmente é feito para feitiços onde há uma progressão natural de algum tipo.

Um exemplo disso seria fazer um feitiço para um emprego e acender velas para ter confiança, prosperidade, abrir estradas e sucesso.

Outro exemplo é um feitiço para consertar um relacionamento em que velas são queimadas para limpar a negatividade, curar velhas feridas, abrir a comunicação, trazer reconciliação e reacender o romance.

Ao preparar esse tipo de feitiço, pense em cada vela como um passo em uma estrada. Ao criar seu plano, pense no primeiro passo, no pró-ximo e no próximo e, finalmente, no ponto culminante do seu feitiço.

## Feitiço de vários dias feito com velas diferentes

**Você vai precisar de:**

- Várias pequenas velas em cores que apoiem diferentes aspectos de sua intenção
- Assadeira, prato ou bandeja plana
- Vários óleos espirituais
- Ervas secas
- Glitter

1. Planeje seu feitiço com antecedência e determine a ordem das velas e o objetivo de cada uma.
2. Vista cada uma das velas com o óleo espiritual que apoie sua intenção. Aplique várias gotas de óleo na mão e esfregue na superfície da vela. Aplique da base ao pavio para coisas que deseja trazer ou do pavio à base para coisas que deseja limpar.
3. Escolha a intenção de cada vela individual e polvilhe as ervas ou purpurina (ou ambos) em cada vela. Ervas secas e leves em pó aderirão melhor. Apenas uma leve aspersão é segura e eficaz em seu feitiço. A maioria das purpurinas não é inflamável e pode ser adicionada com segurança.
4. Aqueça o fundo de cada vela com um fósforo ou isqueiro e pressione-o na bandeja. Você pode colocar as velas em um layout que apoie sua intenção.
5. Acenda a primeira vela enquanto faz sua petição.
6. Deixe a vela queimar até que se esgote. Se tiver que sair ou ir dormir antes que sua vela esteja completa, apague-a (não assopre) e acenda-a novamente quando voltar.
7. No dia seguinte, acenda sua segunda vela e deixe-a queimar até que esteja completa.
8. Continue repetindo até que tenha queimado todas as velas.

Em feitiços de vários dias, com várias velas, não é preciso configurar todas as velas de uma só vez. Você pode facilmente preparar, montar e queimar uma a cada dia em um castiçal, por exemplo.

# 9

# Layouts de Feitiços com Velas

Feitiços de velas têm a opção de layouts; ou seja, posicionar as velas de forma ou desenho que apoie seu trabalho com velas. Os layouts podem ser criados com várias velas ou com sachês em pó ou ervas. Layouts podem ser criados simplesmente para serem visualmente atraentes ou podem ser projetados para adicionar uma intenção específica ao seu trabalho de feitiço.

Para mapear um layout, você vai precisar de uma visão aérea sobre seu feitiço para poder olhar a bandeja ou o espaço do seu altar de cima. Um exemplo fácil de imaginar na criação de um layout seria o de um feitiço usando três velas que podem ser dispostas em uma bandeja em linha de três, em uma só linha ou em forma de triângulo.

Para fazer um layout, observe suas velas de cima e organize-as. Algumas pessoas gostam de colocar uma vela central (como um grande pilar ou vela figurativa) em uma bandeja e posicionar velas de suporte menores em uma forma. Pode também polvilhar ervas e sachês em pó em seu prato ou bandeja ao lado ou entre as velas para reforçar essas formas, ou apenas usar uma única vela com ervas ou pós polvilhados na bandeja para criar algumas das formas mais complexas.

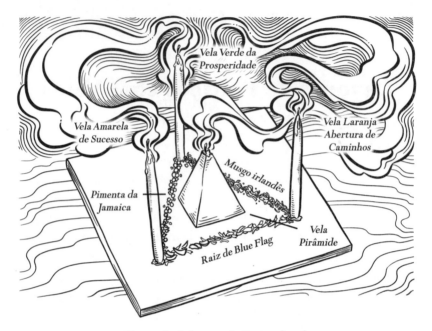

*Exemplo de layout de feitiço de vela*

## Formas e símbolos

Cada desenho que você selecionar para o seu layout pode ter um significado particular que vai amplificar o poder do seu feitiço.

### Flecha

Direção, movimento, unificação, separação.

As setas podem ser dispostas apontando para cima, para baixo, para a esquerda ou para a direita; cada um com seu próprio significado.

**Apontando para cima:** movimento vigoroso, direção, poder expressivo, construção de bases sólidas, ascensão, hierarquia.

**Apontando para baixo:** receptividade, atraindo algo, trazendo conhecimento espiritual para a Terra.

**Apontando para direita:** avançar no tempo, progresso, novos empreendimentos, viagens.

**Apontando para esquerda:** olhando para trás, revisitando, voltando para um tempo melhor, enviando coisas para trás, revisão, história, curando o passado.

**Setas de duas pontas (um ponto em cada extremidade):** duas setas ou uma seta de duas pontas apontadas para longe uma da outra significa dois ou mais elementos se afastando um do outro, separação ou términos. Duas setas ou uma seta de duas pontas apontadas uma para a outra significa dois ou mais elementos movendo-se em direção um ao outro, reunião ou unificação.

## Círculo

Unidade, completude, totalidade, harmonia, interminável, infinito, ciclos, perfeição, iluminação, proteção, ciclo de renascimento, espírito, fertilidade, sorte, compromisso.

Os círculos podem ser dispostos com as velas ou desenhados ao redor de velas com ervas ou sachês para dar definição; juntando a outros elementos (qualquer coisa dentro do círculo) e separando outros elementos (qualquer coisa fora do círculo).

## Cruz

Os quatro elementos (Ar, Fogo, Água, Terra), quatro direções (Leste, Sul, Oeste, Norte), o encontro do espiritual e do material, interseções, encruzilhadas, cristianismo, consciência de Cristo, banimento.

Layouts cruzados podem ser usados para colocar simbolicamente algo na encruzilhada – isto é, chamar espíritos para dar bênçãos e ajudar com seu feitiço. Eles também podem ser usados para lançar algo ou para enviar sua intenção de feitiço para o mundo mais amplo. Às vezes, as cruzes são usadas para marcar algo indesejado. Pagãos, Wiccanos e aqueles que se conectam espiritualmente aos quatro elementos ou às quatro direções também podem usar um layout cruzado para separar velas especiais em cada quadrante.

## Coroa

Poder, realeza, bênção divina, sucesso, maestria, realização, sabedoria. Colocar suas velas ou ervas e pós em um padrão de coroa (uma linha plana para a base da coroa com uma linha em zigue-zague acima, para as pontas da coroa) é usado para trazer poder e sucesso. Geralmente, o layout inclui três pontos na coroa, mas se tiver um feitiço com várias intenções (por exemplo, "Eu sou bem-sucedido, rico, saudável, respeitado e famoso"), pode criar uma coroa com um ponto para cada intenção e definir uma vela em cada ponto para essas intenções particulares.

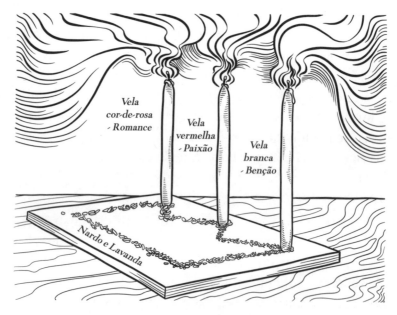

*Exemplo de layout de coroa*

## Diamante

Riqueza, ação em duas direções, "como acima, é abaixo", manifestação, transformação.

A forma de diamante combina a estabilidade de um quadrado (quatro lados) com a natureza dinâmica do triângulo. Seu diamante pode ser criado fundindo dois triângulos (um diamante com uma linha no meio) ou apenas delineando os quatro lados.

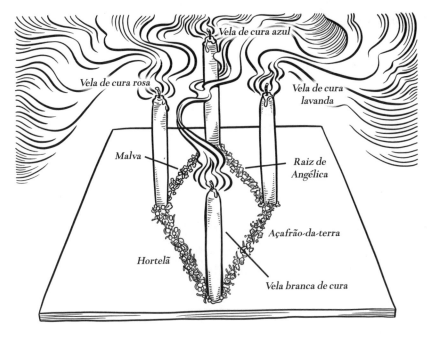

*Exemplo de layout de diamante*

## Olho

O *Olho Que Tudo Vê*, proteção contra o mau-olhado, segunda visão, percepção psíquica, abertura do terceiro olho.

Um layout em forma de olho é usado para feitiços de proteção contra mau-olhado, abrindo a visão espiritual ou querendo ficar de olho em algo ou em alguém.

## Coração

Amor, romance, cura emocional, casamento, acalmar um coração partido, reconciliação, luxúria, amor familiar, amizade, amor pela humanidade, abertura do Chacra do Coração.

Os formatos de coração são usados com mais frequência em feitiços de amor romântico. Podem ser usados para atrair um novo amor ou construir sobre um já existente. No entanto, pode ser usado também para outros tipos de amor, incluindo abrir o coração para dar e receber boas amizades e relações familiares harmoniosas.

## Hexágono

Trabalho, emprego, laboriosidade, comunidade, esforços de grupo, harmonia, ordem, negócios, novos empreendimentos, proteção, verdade, manifestação.

O hexágono é geometria sagrada; sua forma é encontrada na natureza, mais reconhecidamente na forma de células em favo de mel e flocos de neve. Usar esse padrão em feitiços para empresas, grupos e organizações ajuda a fluir harmoniosamente e sem esforço em direção a um objetivo comum.

## Lemniscata (símbolo do infinito)

Energia infinita, conexão com a iluminação divina, magia, manifestação, vidas passadas e vidas futuras, crescimento sem fim.

A lemniscata é uma figura semelhante ao número oito deitado e representa a ideia de infinito. Muito parecida com um círculo, ela representa ciclos sem fim, mas tem uma qualidade mais dinâmica de construção e aceleração.

O ponto onde o oito se cruza também incorpora as qualidades da cruz. Use este símbolo quando quiser que seu resultado seja contínuo e crescente.

## Linha

Divisão, separação, conexão, movimento, um caminho, estradas abertas, viagem, crescimento, direção.

As linhas podem ser criadas em layouts horizontalmente (para estabilidade) ou verticalmente (para energia dinâmica). As linhas retas representam a franqueza. As linhas onduladas representam a superação de obstáculos, a descoberta do próprio caminho, ligações psíquicas e conexão espiritual.

Linhas desenhadas com sachê de pó ou com ervas podem ser usadas para conectar duas ou mais coisas ou podem ser usadas para separá-las.

## Octógono

Transição, renovação, regeneração, renascimento.

Octógonos podem ser usados em feitiços em que você deseja a mudança ou a renovação de algo que morreu.

## Pentágono

Os cinco elementos, manifestação, criatividade, viagem, espírito livre, liberdade espiritual sobre o material.

Pentágonos são usados em feitiços para invocar os cinco elementos (Ar, Fogo, Água, Terra, Espírito) ou para focar em uma manifestação material. Eles também são excelentes em feitiços para aumentar o fluxo criativo ou abertura.

*Pentágono e exemplo de layout de estrela*

## Retângulo

Movimento em direção à estrutura, confiabilidade, estabilidade, ordem, autoridade, longevidade, comunicação, mensagens, quatro elementos (ver Quadrado).

Os retângulos compartilham muitas das mesmas qualidades dos quadrados com o elemento adicional de movimento. Coloque suas velas em um retângulo horizontal para criar mais harmonia ou em um retângulo vertical para trazer mais energia dinâmica ao seu trabalho de feitiço.

## Espiral

Invocação/banimento, jornada espiritual interna/externa, xamanismo, estados alterados de consciência, meditação.

As espirais são um símbolo antigo e representam a conexão com os mundos interno e externo. Crie um layout em espiral no sentido horário para que os feitiços se conectem ao seu eu interior ou para serem invocados. Trabalhar com uma espiral no sentido anti-horário é ideal para trazer a vida espiritual interior ao nível consciente e para bani-la.

## Quadrado

Estrutura, confiabilidade, estabilidade, ordem, autoridade, longevidade, quatro elementos, casa, bloqueio, ligação, proteção, conforto.

Os quadrados são usados para feitiços onde a estrutura e a estabilidade são importantes. Ao fazer um feitiço onde você quer algo forte e duradouro ou quer que a autoridade seja respeitada, traçar um quadrado trará essa energia definida.

## Estrela

Fama, reconhecimento, felicidade, boa fortuna, sorte, conexão divina, proteção, corpo humano, conexão entre o material e o espiritual, manifestação, saúde, sabedoria, orientação espiritual.

Estrelas de todos os tipos representam conexão com a energia divina. Estrelas com certo número de pontos também podem ser usadas para seu valor numerológico.

A estrela de cinco pontas (pentagrama) com a ponta para cima representa o corpo humano com cabeça e braços e pernas estendidos ou os cinco elementos. Os pentagramas representam proteção, manifestação no mundo material e no elemento Terra.

Uma estrela de seis pontas representa a combinação dos quatro elementos, a fusão da dualidade ou o Selo de Salomão e pode, portanto, ser usada em feitiços para manifestação, reconciliação ou sabedoria espiritual. É especialmente significativa como um símbolo do judaísmo.

## Triângulo

Trindade, passado-presente-futuro, corpo-mente-espírito, convocação de espíritos, direção, movimento, símbolos alquímicos dos quatro elementos.

Os triângulos contêm o número mágico *três*, bem como a ideia de movimento. As sutilezas desse movimento podem ser expressas na direção para a qual a ponta do triângulo está voltada.

**Apontando para cima:** movimento vigoroso, poder expressivo, construção de bases sólidas, ascensão, hierarquia, sucesso, expansão espiritual.

**Apontando para baixo:** receptividade, atrair algo, trazer conhecimento espiritual para a Terra, manifestação.

**Apontando para a direita:** avançar no tempo, progresso, novos empreendimentos, viagens.

**Apontando para a esquerda:** olhando para trás, revisitando, voltando para uma época melhor, enviando coisas para trás, revisando a história, curando o passado.

# Usando várias formas em layouts

Em qualquer feitiço pode-se misturar e combinar formas. Coloque as velas em um formato e polvilhe ervas e pós de diversas maneiras para trazer dimensão, riqueza e beleza ao seu trabalho de feitiço.

## Direção

Colocar velas nas direções Norte, Sul, Leste e Oeste pode adicionar outra combinação de elementos ao seu layout de trabalho de feitiço. Essas direções podem ser discernidas com uma bússola ou você pode usar as direções simbólicas de Norte sendo o topo de sua placa (longe de você, o observador), Sul sendo a parte inferior da placa (mais próximo a você), de Leste para a direita e Oeste para a esquerda. Colocar cores de velas, ervas e talismãs específicos nesses quadrantes adiciona energia detalhada aos seus feitiços.

**Leste:** os itens colocados a Leste podem ser usados para influenciar ideias, pensamentos e comunicação conscientes. Também é ótimo para novos começos, palavras escritas ou faladas, influência mental sobre os outros e novas inspirações.

**Sul:** itens colocados no Sul podem ser carregados para criar movimento, ação, energia, paixão e vontade. Colocar itens aqui criará motivação, influenciará em como você ou outras pessoas agem e se movem no mundo e é ótimo para dar início à ação.

**Oeste:** colocados no Oeste, os itens se conectam aos reinos espiritual, psíquico, místico e emocional profundo. Use essa direção para influenciar o subconsciente, os sonhos e as crenças ou para contatar o mundo espiritual ou a energia divina.

**Norte:** já os itens colocados no Norte, influenciam o mundo material: objetos, dinheiro, o corpo, lugares, edifícios, propriedade, saúde física. O Norte representa as manifestações físicas, então, se estiver trabalhando para obter alguma "coisa" de qualquer tipo, esta é a direção perfeita para focar suas energias.

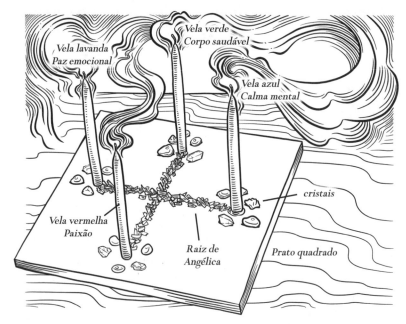

*Exemplo de layout Norte, Sul, Leste e Oeste*

## Feitiços de vela em movimento

Os feitiços para mover velas são feitos em layouts com várias velas e vários dias. Nesses casos, as velas são movidas a cada dia. O objetivo desse tipo de feitiço é mover uma ou mais velas na bandeja para perto ou para longe de outra vela. Um exemplo é um feitiço de vela móvel para trazer mais dinheiro, com velas individuais representando fontes de renda, movendo-se em direção a uma vela representando você. Outra possibilidade seria fazer um feitiço para limpar as pessoas negativas de sua vida, tendo uma vela representando você e outra para representar cada uma das pessoas que deseja banir, afastando-as umas das outras. O exemplo clássico de um feitiço de vela em movimento é o "Venha para mim" de sete dias, onde duas velas são colocadas, uma representando você e outra a pessoa que deseja que se aproxime. A cada dia que passa, você move as velas passo a passo, mais próximas umas das outras, até que os últimos pedaços se tocam e queimam até o fim no sétimo dia.

## Venha para mim – Feitiço de vela em movimento

**Você vai precisar de:**

- Duas velas figurativas nuas: uma representando você e outra representando a pessoa em questão
- Assadeira, travessa longa ou bandeja
- Óleo espiritual para amor, atração ou compromisso
- Ervas secas para atração, como erva-de-gato, damiana, canela, gengibre ou patchouli
- Glitter
- Ferramenta de inscrição

1. Escolha uma vela masculina ou feminina para representar você e outra para o seu alvo. Selecione cores que apoiem sua intenção. Ambas podem ser da mesma cor ou de cores diferentes.
2. Inscreva seu nome horizontalmente na frente da base da vela que representa você e o nome do seu alvo na base da vela que o representa.
3. Enfeite as velas com um óleo espiritual para amor, aplicando várias gotas de óleo em sua mão e esfregando-as na superfície da vela. O ideal é aplicá-lo "para cima", da base ao pavio, porque este trabalho de feitiço em particular tem o objetivo de trazer amor. Visualize seu bom resultado e sinta a energia em suas mãos irradiando e carregando suas velas.
4. Polvilhe glitter nas velas.
5. Coloque as velas uma de frente para a outra em uma das extremidades da bandeja.
6. Polvilhe um caminho de ervas em uma linha entre as duas velas.
7. Comece acendendo a vela do seu alvo (para ativá-lo primeiro) e depois a sua vela, enquanto fala sua intenção.
8. Deixe as velas queimarem cerca de um sétimo do caminho para baixo e, em seguida, apague-as. Apague sua vela primeiro e a vela do seu alvo depois.

Layouts de Feitiços com Velas | 163

9. Se enquanto as velas estão acesas você notar uma queimando mais rápido que a outra, apague a vela que está sendo consumida rápidamente para que a mais lenta possa alcançá-la.
10. Sempre apague as velas quando for dormir ou sair de casa.
11. No dia seguinte, mova cada uma de suas velas, uma em direção à outra, ao longo do caminho das ervas. Mova cerca de um sétimo do caminho mais próximas umas das outras.
12. Acenda suas velas novamente e queime-as cerca de um sétimo do caminho.
13. Repita para cada um dos sete dias com as velas que representam você e seu alvo se aproximando. Se as velas pingarem e grudarem na bandeja, use uma faca de manteiga ou objeto semelhante para retirá-las. Não se preocupe se algumas gotas de cera ficarem para trás conforme vai aproximando as velas.
14. No sétimo dia, certifique-se de mover o último pedaço das duas velas o mais próximo possível (elas podem ter que se sobrepor para se tocar) e deixe-as queimar completamente.

*Diagrama do feitiço "Venha para mim"*

Os feitiços de velas móveis são rituais poderosos para aproximar coisas ou pessoas, separando-as ou movendo-as em uníssono. Se estiver planejando um feitiço de vários dias, pode incorporar velas móveis para destacar o elemento de movimento do seu feitiço.

## Alguns exemplos de feitiços de vela móvel:

- Uma pessoa em direção a uma meta de carreira.
- Um prêmio ou presente para uma pessoa.
- Uma pessoa para perto ou para longe de um local.
- Clientes em direção a um negócio.
- Afastar a má sorte de uma pessoa ou de um lugar.
- Um casal em direção a uma nova casa.
- Dois amantes aproximando-os ou afastando-os.
- Prosperidade em direção a uma pessoa.
- Uma pessoa em direção à saúde.
- Uma pessoa em direção a uma alma gêmea ainda desconhecida.

# 10

# O Gabinete de Curiosidades

Algumas velas têm maneiras exclusivas de serem usadas. Esses feitiços podem exigir um pouco mais de habilidade especializada ou algum esforço extra, mas se tiver tempo e energia para investi-los, os resultados podem ser muito satisfatórios.

### Velas de dupla ação

Feitiços de vela de dupla ação são aqueles feitos com uma vela que é metade de uma cor e metade de outra. As velas de dupla ação são criadas pegando uma vela colorida (geralmente vermelha, verde ou branca) e mergulhando-a em cera preta de forma que metade da vela seja revestida de preto. Normalmente essas velas são usadas para reverter feitiços que têm como objetivo enviar a negatividade de volta à sua fonte e aumentar a boa sorte. Esses feitiços são como acender duas velas separadas, uma preta para reverter ou remover a negatividade e outra de outra cor para trazer algo positivo. O fato de fazer o feitiço com uma única vela amplifica a conexão entre os dois feitiços e cria simbolicamente uma ligação mais forte.

Sempre que estiver queimando uma vela de dupla ação para um feitiço de reversão, você vai precisar considerar qual metade da vela queimará primeiro. Como um feitiço normal, o ideal é trabalhar para enviar de volta a negatividade antes de trazer suas bênçãos, então seria melhor queimar a metade preta da vela antes de queimar a metade colorida. Se sua vela já estiver montada com a metade preta no topo,

## 166 | O Livro da Magia das Velas

ela está pronta para ser enfeitada com óleo e luz. Se a metade colorida estiver no topo, você terá que esculpir a vela para virá-la de cabeça para baixo e criar uma nova parte superior e inferior da vela. Essa ação em si não é um trabalho extra sem sentido – o ato de virar a vela pode ser incorporado ao seu ritual, na verdade, invertendo a situação e revertendo a energia negativa e enviando-a de volta à sua fonte.

### Feitiço de vela de dupla ação
### sem esculpir um novo topo/base

**Você vai precisar de:**

- Vela de dupla ação preta no topo e outra cor na base
- Espelho pequeno
- Prato ou bandeja
- Ferramenta de inscrição
- Óleo de negatividade reversa
- Óleo de amor, prosperidade ou bênção de algum tipo
- Enxofre
- Erva em pó para amor, prosperidade ou outra bênção

1. Escolha uma cor de vela que esteja mais alinhada com seu objetivo. Por exemplo, uma vela metade vermelha/metade preta para enviar de volta a negatividade sobre uma situação de amor, metade verde/metade preta para enviar de volta a negatividade em torno de um trabalho ou dinheiro ou metade branca/metade preta para reverter a negatividade e trazer bênçãos de qualquer tipo.

2. Usando sua ferramenta de inscrição, escreva aquilo de que gostaria de se livrar na metade preta. Alternativamente, se souber a fonte da negatividade, pode inscrever o nome da pessoa ou, se desconhecido, coloque "meus inimigos" na vela. Ao inscrever essas palavras, você pode ampliar o efeito de limpeza, escrevendo-as para baixo (do pavio em direção ao meio da vela) para limpar. E pode fortalecê-los ainda mais, escrevendo ao contrário (escrita espelhada).

3. Na metade inferior da vela, a parte que é colorida, você pode inscrever as palavras do que gostaria de apresentar e/ou registrar o seu nome. Se estiver trazendo algo, escreva-os em uma direção para cima (da base em direção ao meio da vela). Elas devem ser escritas na direção normal, não na escrita espelhada.

4. Coloque algumas gotas de óleo de negatividade reversa em suas mãos e esfregue-as uma na outra. Aplique o óleo na metade preta da vela em um movimento descendente (do pavio em direção ao meio da vela). Visualize o envio de qualquer negatividade de volta à sua fonte e carregue a vela com sua energia.

5. Lave as mãos e, em seguida, aplique algumas gotas do óleo de bênção nelas e esfregue-as. Aplique o óleo na metade colorida da vela em um movimento ascendente (da base em direção ao meio da vela). Visualize-se recebendo suas bênçãos e carregue a vela com sua energia.

6. Polvilhe enxofre na metade preta da vela.

7. Polvilhe sua erva em pó na metade colorida da vela.

8. Coloque sua vela em cima de um pequeno espelho. Se estiver tendo dificuldade para colocar sua vela em pé no espelho, derreta a cera na parte inferior dela com um fósforo e cole no espelho. Coloque o espelho e a vela em um prato ou bandeja.

9. Fale suas palavras de feitiço e acenda a vela.

10. Acenda a vela enquanto estiver em casa e acordado. Se sair de casa ou for dormir, apague a vela e acenda-a novamente quando puder ficar de olho nela.

### Feitiço de vela de dupla ação esculpindo um novo topo/base

Se tiver uma vela colorida na parte superior, terá que "colocar a ponta da vela" ou virá-la de cabeça para baixo e fazer uma nova parte superior da base anterior.

Antes de começar, avalie a vela. Se a parte de cima dela tiver uma ponta de algum tipo que a impeça de ficar plana em um prato ou bandeja, você terá que cortar essa ponta para que possa ser a nova base da vela. Não importa o que aconteça, vai ter que esculpir um novo topo na parte inferior para que o pavio fique exposto e você possa acender a vela.

**Você vai precisar de:**

- Vela de dupla ação preta na base e outra cor no topo
- Canivete ou algum objeto cortante
- Espelho pequeno
- Prato ou bandeja
- Ferramenta de inscrição
- Óleo essencial contra negatividade (a seu critério)
- Óleo essencial que atrai amor, prosperidade ou bênção
- Enxofre
- Erva em pó para amor, prosperidade ou bênção

1. Escolha uma cor de vela mais alinhada com seu objetivo.
2. Com uma faca, corte primeiro a parte superior da vela para torná-la plana, de modo que possa ser a nova base da vela.
3. Em seguida, retire a parte inferior da vela para que possa ser a nova tampa. Tome cuidado para esculpir ao redor do pavio sem cortá-lo. Deixe pelo menos 6 mm de pavio exposto para acender a vela.
4. Usando sua ferramenta de inscrição, escreva o que gostaria de se livrar na metade preta. Alternativamente, se souber a fonte da negatividade, pode inscrever o nome da pessoa ou, se desconhecido, registre "meus inimigos" na vela. Ao inscrever essas palavras, você pode ampliar o efeito de limpeza, escrevendo-as de cima para baixo (do pavio em direção ao meio da vela). E pode fortalecê-los ainda mais escrevendo as letras ao contrário (escrita espelhada).
5. Na metade inferior da vela, a parte que é colorida, inscreva as palavras daquilo que gostaria de trazer para você. Se estiver trazendo algo, inscreva de baixo para cima (da base em direção ao meio da vela). Elas devem ser escritas na direção normal, não na escrita espelhada.

6. Coloque algumas gotas do óleo de negatividade reversa em suas mãos e esfregue-as uma na outra. Aplique o óleo na metade preta da vela em um movimento descendente (do pavio em direção ao meio da vela). Visualize o envio de toda a negatividade de volta à sua fonte e carregue a vela com sua energia.

*Inscrevendo em uma vela de dupla ação*

7. Lave as mãos e em seguida aplique algumas gotas do óleo de bênção em suas mãos e esfregue-as. Aplique o óleo na metade colorida da vela em um movimento ascendente (da base em direção ao meio da vela). Visualize bênçãos chegando até você e carregue a vela com sua energia.
8. Polvilhe enxofre na metade preta da vela.
9. Polvilhe sua erva em pó na metade colorida da vela.
10. Coloque sua vela em cima de um pequeno espelho. Se estiver tendo dificuldade para colocar sua vela em pé no espelho, derreta a cera na parte inferior da vela com um fósforo e cole no espelho.

11. Fale suas palavras de feitiço e acenda a vela.

12. Acenda a vela enquanto estiver em casa e acordado. Se sair de casa ou for dormir, apague a vela e acenda-a novamente quando puder ficar de olho nela.

# Lamparina a óleo

Embora tecnicamente não sejam velas, as lamparinas a óleo compartilham muitas das mesmas qualidades e são uma boa alternativa para trabalhos mágicos. Uma das vantagens das lamparinas a óleo é que podem ser recarregadas continuamente, o que é ótimo para trabalhos de feitiço em andamento. Por exemplo, se deseja prosperidade contínua e crescente, pode criar uma lamparina a óleo e manter a abundância em atividade, em vez de acender uma vela ou vela após vela.

Existem várias maneiras de criar lamparina a óleo – com um lampião de querosene, um *Mason Jar* ou uma lamparina de ghee ou azeite de oliva. A lamparina de pote de conserva é simples de fazer e pode ser montada com itens baratos e fáceis de encontrar.

## Lâmpada a óleo no *Mason Jar*[11]

**Você vai precisar de:**

- *Mason Jar* (pote de conserva de vidro)
- Tampa de frasco de metal com um orifício
- Prato ou bandeja
- Óleo
- Rolo de ataduras de gaze de algodão
- Pauzinho ou garfo
- Óleo espiritual que apoia sua intenção
- Ervas, raízes, cristais e/ou talismãs que apoiam sua intenção
- Foto e/ou papel de petição

---

11. N. do T.: potes de vidro com tampas metálicas de rosca.

- Conexão pessoal (cabelo, aparas de unhas ou qualquer coisa com um DNA da pessoa que receberá a energia do feitiço)
- Tesoura
- Pinças
- Chave de fenda

1. Abra seu *Mason Jar* e coloque pedras preciosas, talismãs, ervas, fotos, conexões pessoais, papéis de petição e algumas gotas de seu óleo espiritual dentro dele. À medida que adiciona cada elemento, pode ir falando palavras sobre o que gostaria que ele trouxesse para o seu feitiço. O objetivo aqui não é encher o pote com objetos, apenas algumas dessas coisas estão bem.

2. Encha o pote com óleo até cerca de 25 mm da borda.

3. Corte uma seção de gaze de algodão de 60 cm de comprimento e comece a enrolá-la no sentido do comprimento em uma "cobra" longa. Este será seu pavio. Você não conseguirá enrolá-lo completamente, mas deixe o mais apertado possível.

4. Coloque o pavio dentro do frasco. Use um garfo ou um palito para empurrar o pavio para dentro do pote enquanto ele absorve o óleo. Pode empurrar para baixo também quaisquer ervas que tenham flutuado até o topo.

5. Encha o frasco com mais óleo até atingir cerca de 6 mm do topo.

6. Faça um furo na tampa com um prego grande e em seguida aumente o orifício com uma chave de fenda. Ou, com o auxílio de um abridor de lata, pode fazer um orifício no formato de um triângulo do tamanho certo em sua tampa. O furo na tampa deve ter cerca de 6 mm de diâmetro. Como alternativa, pode comprar tampas de potes que já venham com furo para canudo, frascos de loção ou outras coisas bonitas e decorativas. Certifique-se de usar uma tampa de metal e não de plástico, porque plástico e fogo não se misturam.

7. Passe o pavio pela tampa e deixe cerca de 12 mm para fora. Acenda o pavio e corte-o para que fique com cerca de 6 mm de comprimento. A sabedoria convencional diz que você deve aparar

o pavio primeiro e depois acendê-lo, mas com uma lamparina a óleo, realmente se acende primeiro e apara depois. É a maneira como se "ajusta" o pavio, como faria com um lampião de querosene, mas em vez de enrolá-lo para trás, o apara.

*Lâmpada a óleo de pote (Mason Jar)*

8. Enquanto a chama está queimando, você pode ajustar o comprimento do pavio puxando-o com uma pinça ou aparando-o com uma tesoura. O objetivo é manter a chama baixa e estável. Uma chama alta é enfumaçada e perigosa.

9. Mantenha o óleo da lamparina cheio e ela continuará a queimar. Dependendo de quanto tempo queima sua lamparina por dia, provavelmente precisará verificar o nível de óleo e ajustar o pavio cerca de uma vez por dia.

10. Como acontece com todas as chamas, só deixe a lamparina acesa quando estiver em casa e acordado. Você pode apagá-la quando for dormir ou sair de casa e reacendê-la quando acordar ou voltar.

## Potes de mel

Os potes de mel, ou potes de açucar, são uma mistura incrível entre magia de comida e magia de vela. Um feitiço pote de mel é usado para adoçar uma pessoa em particular para você. A grande maioria dos potes de mel é usada para amantes ou futuros amantes, mas também podem ser usados para adoçar chefes, familiares, vizinhos, juízes, clientes, colegas de trabalho ou qualquer pessoa com quem possa entrar em contato.

Como os potes de mel são feitiços contínuos, eles são excelentes para pessoas e casos teimosos. São ideais em situações em que tem que suavisar alguém para ser mais doce e gentil com você. Por exemplo, após um impasse com um amante que teimosamente se recusa a lhe ligar ou um vizinho com um antigo ressentimento em relação a você ou um chefe que sempre foi rabugento.

Para esses feitiços, você pega um pote de mel que preparou magicamente e queima uma pequena vela em cima dele em intervalos regulares, seja diariamente ou em dias especiais da semana. O trabalho de um pote de mel só termina quando se consegue o resultado que deseja. Conforme queima as velas ao longo dos dias, semanas e meses, gotas de cera começarão a se acumular do lado de fora do pote. Este acúmulo de cera é um sinal positivo da energia que está se acumulando em torno de sua intenção, abrandando o coração da outra pessoa em relação a você e selando o amor que já tem. O objetivo é ter um frasco coberto com gotas de cera acumuladas ao longo de muitos e muitos dias.

Enquanto suas velas queimam em cima do pote de mel, certifique-se de remover todos os pedaços restantes do pavio. Essas pequenas pontas de pavio preto podem se acumular e muitos deles em um amontoado podem reacender e queimar fora de controle.

Também recomendo o uso de potes e velas pequenas para esse tipo de feitiço. Escolha um frasco com tampa de metal – tampas de plástico podem pegar fogo e ninguém gosta do cheiro de plástico queimado. Um pequeno frasco garante resultados visíveis mais rápidos de acúmulo de cera e, se estiver trabalhando sua vela por dias, semanas e meses, verá a cera naquele pequeno frasco ficar cada vez maior.

174 | O Livro da Magia das Velas

Selecione uma cor de vela que apoie sua intenção (consulte a seção sobre cores de velas no capítulo 2). Você pode trabalhar com diferentes cores em dias diferentes. Por exemplo, em um feitiço de amor pode alternar entre vermelho para paixão, rosa para romance e azul para reconciliação. O ideal é usar uma vela fina, algo que vai queimar em uma ou duas horas. Uma opção é queimar uma pequena vela votiva sem o pote de vidro. Algumas pessoas gostam de usar velas maiores, mas não são as ideais para preparar e acender todos os dias. Essas velas podem acumular cera gotejante rapidamente, mas o objetivo de um pote de mel é trabalhar em algo ao longo do tempo e enviar sua intenção continuamente; e muita cera acumulada rapidamente não oferece essa experiência. Outras pessoas gostam de usar velas rechaud, que são do tamanho certo. Mas atenção, algumas vêm com recipientes que evitam que a cera pingue no pote, procure as opções sem o recipiente.

Trabalhar com um pote de mel envolve lidar com questões pessoais. Conexões pessoais são itens vindos da pessoa que receberá a energia do feitiço e variam das mais íntimas as mais distantes. Avalie o tipo de objeto que funcionará para você e suas intenções, prestando atenção ao nível de intimidade de seu relacionamento e escolhendo algo que seja o mais forte possível. Aqui está uma lista de objetos pessoais que você pode usar em um pote de mel, desde aquelas com laços mais fortes com o alvo até os mais fracos:

## Conexões pessoais

- Sêmen, fluido vaginal ou sangue menstrual
- Sangue, saliva, suor, muco ou urina
- Cabelo ou pelo corporal
- Recortes de unha, aparas de unha ou raspas de pele
- Roupa que foi usada pelo alvo e não lavada (quanto mais íntima e próxima do corpo, mais poderosa)
- Sujeira de uma pegada ou trilha de seu alvo
- Assinatura manuscrita
- Algo que pertencia à pessoa
- Algo tocado pela pessoa
- Fotografia da pessoa

Selecione a conexão pessoal mais forte que possa ter na situação. Por exemplo, se estiver fazendo um pote de mel para um juiz na intenção de fazer com que ele o favoreça em um processo judicial, é altamente improvável que possa cortar uma unha ou um pedaço do cabelo dele, mas é concebível que se possa obter uma assinatura. Da mesma maneira, se estiver trabalhando para fazer um amante ser mais doce com você, apenas usar uma foto dele em seu pote de mel vai ser um elo muito fraco para ele. Usar um pedaço de cabelo ou alguns fluidos corporais produzirá resultados muito melhores.

### Feitiço do pote de mel

**Você vai precisar de:**
- Pote de mel com tampa de metal
- Papel para petição
- Conexão pessoal
- Velas pequenas (velas finas ou velas de carrilhão)
- Colher
- Caneta ou lápis
- Ervas
- Óleo espiritual

1. Prepare um papel de petição.
2. Coloque uma pitada da mistura de ervas no papel da petição.
3. Adicione a conexão pessoal do seu alvo ao seu pacote de papel de petição. Se o feitiço for para o amor, é tradicional amarrar uma mecha de cabelo ao redor do cabelo do alvo e adicionar isso como sua conexão pessoal.
4. Dobre o papel de petição em sua direção ao dizer sua intenção ou oração em voz alta. Vire o papel 90 graus para a direita e dobre em sua direção novamente enquanto fala o que deseja. Continue a virar, falar e dobrar até que não possa dobrá-lo mais.

5. Abra o pote, pegue uma colherinha de mel e coma, dizendo "Como este mel é doce para mim, então (nome da pessoa) será doce para mim". Faça isso três vezes.
6. Insira o pacote de papel de petição no frasco, empurrando-o para dentro do mel com a colher e feche a tampa.
7. Cubra uma de suas velas com um óleo espiritual apropriado, aplicando-o em um movimento para cima, da base para o pavio, se estiver trazendo algo para dentro, ou para baixo, do pavio para a base, se estiver limpando algo.
8. Aplique um fósforo aceso no fundo da vela para amolecê-la e cole no topo da tampa do frasco. Acenda a vela falando as palavras do feitiço uma última vez. Deixe a vela queimar completamente.
9. Dependendo da velocidade necessária ou da intensidade do seu desejo pode acender uma vela todas as segundas, quartas e sextas-feiras ou uma todos os dias da semana.

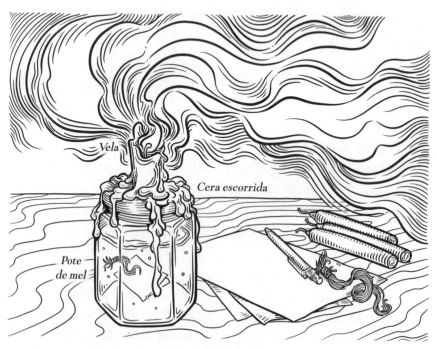

*Feitiço do pote de mel*

10. Se houver alguma ponta de pavio restante depois de queimar sua vela, você deve removê-la para evitar um incêndio.

11. Continue a queimar velas na tampa do pote de mel até obter o resultado desejado.

12. Se em algum momento quiser adicionar algo ao seu pote de mel (por exemplo, se quiser adicionar uma erva ou uma conexão pessoal mais forte), pode abrir o pote e quebrar as gotas de cera para fazer isso. Apenas feche a tampa quando terminar e retome a queima das velas em sua programação.

Quando atingir seus objetivos com o pote de mel, não o descarte. Se ele já funcionou uma vez pode funcionar de novo. Você pode revisitar esse pote de mel se tiverem uma discussão ou se precisar melhorar o relacionamento de alguma forma. Se já alcançou seus objetivos e terminou de trabalhar em seu pote de mel, guarde-o em um local seguro para possível uso posterior. A única situação em que eu recomendaria descartar um pote de mel é se nunca mais tiver contato com a pessoa; por exemplo, você se afasta do seu vizinho ou consegue um novo emprego com um chefe diferente.

## Potes de vinagre

Os potes de vinagre são semelhantes aos potes de mel em princípio, mas são usados para o propósito oposto – para azedar os sentimentos de alguém. Este é um trabalho negativo que é usado para criar rachaduras entre as pessoas, romper alianças ou amargurar uma pessoa em relação a outra.

Com os feitiços de pote de vinagre, você pega uma pote (*mason jar*) preparada cheia de várias ervas e líquidos azedos, indutores de raiva e negatividade e queima uma pequena vela preta em cima dela em intervalos regulares, seja diariamente ou em dias especiais da semana. Como um pote de mel, o trabalho só termina quando você consegue o resultado desejado. A cera que se acumula é um sinal de que a energia negativa está se acumulando em torno de seus alvos. Enquanto suas velas queimam, certifique-se de remover quaisquer pedaços restantes do pavio para evitar um incêndio fora de controle.

Tal como acontece com um pote de mel, selecione a conexão pessoal mais forte que possa ter na situação. Depois de atingir seus objetivos, descarte o frasco de vinagre. Pode despejá-lo na lata de lixo do seu alvo, enterrá-lo em sua propriedade, despejar o conteúdo do frasco em uma encruzilhada perto da casa do seu alvo e descartar o vidro em sua lata de lixo ou, deixando de lado qualquer uma dessas opções, jogar fora o frasco inteiro em uma lixeira longe de sua casa.

### Feitiço do pote de vinagre

**Você vai precisar de:**
- Pote de vinagre com tampa de metal
- Papel para petição
- Conexão pessoal (veja os potes de mel para mais detalhes)
- Velas pequenas
- Colher
- Caneta ou lápis
- Ervas
- Óleo espiritual

1. Prepare um papel de petição.
2. Coloque uma pitada da mistura de ervas no papel da petição.

3. Adicione as conexões pessoais de seus alvos.

4. Dobre o papel de petição para longe de você enquanto diz sua intenção ou oração em voz alta. Vire o papel 90 graus para a esquerda e dobre-o para longe de você novamente enquanto fala o que deseja. Continue a virar, falar e dobrar até que não possa dobrá-lo mais.

5. Abra o pote de vinagre e insira o pacote dentro dele, empurrando-o para dentro do vinagre, e feche a tampa.

6. Vista uma de suas velas com um óleo espiritual apropriado, aplicando-o de cima para baixo, porque está banindo algo.

7. Aplique um fósforo aceso no fundo da vela para amolecê-la e cole-a no topo da tampa do frasco. Acenda a vela falando sua intenção pela última vez. Deixe a vela queimar completamente.

8. Dependendo da velocidade necessária ou da intensidade do seu desejo, acenda uma vela todas as terças, quintas e sábados ou uma todos os dias da semana.

9. Se houver alguma ponta de pavio queimada depois de queimar sua vela, você deve removê-la para evitar um incêndio.

10. Continue a queimar velas na tampa do seu pote de vinagre até obter o resultado desejado.

11. Dependendo do que adiciona ao pote de vinagre, o conteúdo às vezes começa a fermentar e a pressão pode aumentar dentro dele. Se a tampa começar a ficar saliente, pode abrir o frasco lentamente e quebrar as gotas de cera para fazer isso. Apenas feche a tampa quando terminar e retome a queima das velas dentro do prazo.

# 11

# Leitura da Vela

Avaliar e ler uma vela é uma habilidade avançada que envolve ler a chama, a cera e a fumaça emitidas com a vela acesa e também seus resíduos após a queima. É a verdadeira comunicação tanto com o espírito do fogo quanto com seus guias espirituais. O feedback que a leitura dá a você é uma informação valiosa e aprender a ler uma vela pode lhe dizer o que precisa saber para atingir seus objetivos mágicos. Ver para onde seu feitiço está indo ou o que está acontecendo nos bastidores de seu trabalho intencional pode ajudá-lo a antecipar se realmente precisa fazer qualquer ação espiritual ou material no mundo adicional, ou dar-lhe uma chance sobre onde as coisas estão.

Os três ramos da leitura da vela são chamados de ceromancia (leitura de cera), piromancia (leitura de chama) e capnomancia (leitura de fumaça). Não precisa dominar essas habilidades para fazer um feitiço, mas aprender a fazer esse trabalho interpretativo aumentará sua habilidade mágica.

Uma das vantagens de prestar atenção em sua vela enquanto ela está queimando é poder evitar qualquer problema em potencial e alterar efetivamente a direção de sua magia. Com a sua vela ainda acesa, você tem a oportunidade de "trabalhar" o feitiço se algo estiver indo em uma direção que não gosta. Chamas de velas que se apagam, chamas que queimam fora de controle, cera que derrama pelas laterais da bandeja – tudo isso pode dar informações sobre o que está acontecendo enquanto seu feitiço está em andamento.

Por exemplo, se estiver fazendo um feitiço de amor e está vendo sinais que indicam que seu amor levará algum tempo para chegar, então pode "trabalhar" a vela para dar algum movimento à situação ou fazer algum trabalho mágico adicional para ajudar a situação. Algumas pessoas me perguntam se elas têm que observar a vela continuamente enquanto está queimando. A menos que tenha tempo ilimitado e natureza meditativa, não é realmente necessário ficar olhando uma vela acesa o tempo todo, mas o ideal é ficar de olho nela. Pergunte a qualquer lançador de feitiços experiente que queimam velas e eles vão lhe contar histórias de bandejas quebrando, castiçais de vidro explodindo e coisas pegando fogo. Mantenha você, seus entes queridos e sua propriedade em segurança, mantendo uma vela acesa à vista.

Trabalhar uma vela enquanto ela está acesa é uma abordagem um tanto controversa na comunidade mágica. Muitas pessoas acreditam que, uma vez que uma vela é acesa, tem que deixá-la fazer o que tiver que fazer e não interferir com isso. Na opinião deles, se uma vela se apagar... bem, é sinal de que não conseguiu o que deseja.

No entanto, acredito no preparo de feitiços com ênfase no trabalho. Para mim, isso é lógico – magia é mudar ou transformar algo de acordo com a sua vontade. Então, por que permitiria que a vela assumisse o controle de seu destino? Você é quem está definindo o curso, é o capitão do seu navio mágico. Portanto, se uma vela faz uma dessas coisas estranhas, observe o que significa, mas sinta-se à vontade para corrigir o curso de sua jornada.

Também é ótimo ler a cera após a queima da vela. Uma das coisas maravilhosas sobre o feitiço de vela é que ele pode fornecer feedback do reino espiritual sobre o que esperar de seu trabalho. As maneiras mais comuns de interpretar uma vela, uma vez que um feitiço é concluído, é ler os restos de cera e a fuligem ou fumaça de uma vela envolta em vidro.

# Ceromancia ou leitura de cera

Ceromancia é ler os restos de cera tanto enquanto sua vela está acesa como depois que ela estiver completa. Quanto mais experiência tiver, quanto mais velas queimar, mais ciente estará de algo que está fora do comum. Quando uma vela acende da maneira usual, a expectativa é que o feitiço tenha sucesso e que você possa contar com resultados positivos em seu trabalho. E a definição de uma queima "normal" depende do tipo de vela que se está queimando. Velas queimadas em bandejas ou castiçais têm uma maneira de serem interpretadas e as velas queimadas em um recipiente de vidro têm outra.

## Ceromancia para velas independentes em bandejas ou em castiçais

O padrão para uma vela independente é que a cera queime até a bandeja, toda a cera queime ou qualquer resto de cera derretida permanece dentro da bandeja, que é plana e não tem peças restantes. Quando vê algo diferente disso, há uma mensagem para você.

### Lendo formas e símbolos na cera

A maneira mais interessante de fazer a leitura é procurar formas e símbolos nos restos de cera. Assim como procurar símbolos nas nuvens ou ler as folhas de chá, você pode praticar e tornar-se bastante intuitivo ao ver imagens nos restos de cera depois que uma vela terminar de queimar. Procure formas simbólicas na cera e interprete seus significados conforme se relacionam ao seu feitiço. Por exemplo, você pode estar fazendo um feitiço para proteção e ver a silhueta de um perfil. Esta forma pode indicar uma pessoa envolvida no resultado do feitiço, seja viva ou como um guia espiritual.

Você também pode ler o glitter e as ervas que sobraram. Procure por símbolos e formas significativas nos fluxos de purpurina ou nas ervas que foram deixadas para trás na cera.

Não se esqueça de examinar o "espaço negativo" (um termo artístico para o espaço entre e ao redor de um objeto pintado) para símbolos também. Às vezes, formas e símbolos no espaço entre fluxos de cera podem nos mostrar informações profundamente inconscientes ou desconhecidas sobre nosso objetivo mágico. As formas negativas do espaço são sempre silhuetas simples (por exemplo, a forma de um coração), mas podem ter implicações profundas em nos mostrar o que não sabemos sobre a situação.

Para aprimorar suas habilidades como leitor de cera, comece procurando formas simples. Aperte os olhos levemente enquanto examina a cera de todos os ângulos e procure por formas significativas nos fluxos de cera, como se procurasse por formas nas nuvens. Para obter mais prática neste tipo de visualização intuitiva procure aprender a arte da leitura das folhas de chá e aprimore seus dons de interpretação. Verifique o apêndice V para uma lista de símbolos básicos e seus significados e a bibliografia para alguns livros úteis sobre leitura de folhas de chá com dicionários de símbolos mais extensos.

## Sem cera na bandeja

Nenhuma cera na bandeja indica que seu feitiço se moverá rapidamente em direção ao seu objetivo, sem bloqueios ou interferência.

## Excesso de cera na bandeja

Já o excesso é complicado para velas independentes; afinal, a maioria dessas velas deixa pouca cera. Considero "excesso de cera" uma vela que não queimou até a bandeja no círculo ao redor do pavio. Quando a vela não queimou completamente, a leitura indica que há alguma ação no mundo material que precisa ser realizada para alcançar o resultado desejado. Por exemplo, se este era um feitiço para um aumento de salário, a ação prática necessária poderia ser pedir ao chefe o aumento ou dedicar algumas horas extras.

## Fluxo de cera e direção de gotejamento

O fluxo de cera é outra maneira pela qual a vela pode falar conosco. A cera pode fluir em todas as direções ao redor da base da vela, o que é perfeitamente normal. Se a cera fluir ou pingar uniformemente em todas as direções, não há necessidade de tomar nota da direção.

No entanto, se toda a sua cera flui ou goteja em apenas uma direção ou geralmente flui uniformemente em toda a volta, exceto por um longo fio de cera fluindo em uma direção, pode ser um sinal.

Para fins de leitura de uma vela, a parte superior da placa é o Norte, a parte inferior é o Sul, a esquerda é o Oeste e a direita é o Leste. Essas não precisam ser a direção verdadeira, mas apenas uma direção que atribuímos em relação à frente da bandeja de magia da vela. A direção indica as áreas onde precisa colocar sua atenção e é um dos motivos pelos quais gosto de usar pratos quadrados e bandejas para enfeitiçar velas.

> Dica de Bruxa: quando faço um layout de vela tenho o hábito de colocar alguns talismãs, pedras preciosas ou raízes maiores na frente da vela (na direção Sul) para que eu sempre saiba a orientação da vela, mesmo depois dela ter queimado até o fim. Se eu mover a bandeja, ainda posso ver as gemas, raízes ou talismãs e identificar qual lado da bandeja está ao Sul e, portanto, saber as outras direções e interpretar o fluxo de cera.

*Fluxo de cera nas direções Norte, Sul, Oeste e Leste*

**Leste:** a cera fluindo à direita da vela indica novos começos, trabalho mental e comunicação (escrita, falada, com pessoas ou com espíritos). Também indica que o resultado está à frente, no futuro, e o quanto ele flui para a direita indica o quão longe no futuro você pode esperar seus resultados. Também pode indicar que novos *insights* brilhantes e momentos "eureka" virão, o que vai ajudar você a desfrutar seu feitiço.

**Sul:** a cera fluindo em sua direção como o observador ou para baixo na direção do sul indica paixão, intensidade, luxúria, ação, vontade e energia. Também significa que o resultado chegará rapidamente, mas que talvez precise fazer algum trabalho para manter o que almejou em andamento. Também pode indicar que uma explosão de ação e energia virá para colocar seu feitiço em movimento.

**Oeste:** a cera fluindo para a esquerda de onde você vê a vela indica assuntos espirituais, consciência psíquica, sonhos, o subconsciente, conexões divinas, guias espirituais, anjos, santos, divindades e o sobrenatural. Também indica que o resultado tem conexões com o passado e curar ou lidar com esse passado ajudará a alcançar seu objetivo mágico. Também pode significar que a ajuda espiritual está a caminho ou que está ocorrendo uma limpeza da situação.

**Norte:** a cera fluindo para longe quando você olha para vela ou na direção do Norte indica questões do mundo material, fisicalidade, objetos, lugares, corpo, dinheiro, prosperidade e propriedade. Isso indica que o resultado será influenciado positivamente pela praticidade. Também pode indicar que o objetivo pode levar algum tempo para se manifestar, mas que os resultados serão duradouros.

As direções da cera também podem ter gradações que incorporam mais de uma direção. Se a cera flui para Noroeste (entre o Norte e o Oeste), pode-se dizer que a mensagem incorpora elementos tanto do Norte quanto do Oeste e, dependendo da proximidade de uma direção ou de outra, pode indicar maior influência dessa direção.

## Pilares de cera

Gotas ou lascas finas de cera que permanecem de pé depois que a vela foi queimada são indicação de resistência ou de bloqueios. A aparência desses pilares no final da execução do feitiço pode dizer muito. Se os pilares forem altos em relação à altura original da vela, eles podem indicar bloqueios grandes ou duradouros. Pequenos pilares indicam bloqueios pequenos e superáveis. Se os pilares estiverem de pé quando a vela estiver concluída, isso indica que os bloqueios ainda estão no lugar. Se os pilares caíram, os bloqueios estavam lá, mas foram removidos por meio do trabalho de feitiço.

Quando o trabalho com as velas terminar, preste atenção aos pilares que caíram e os que ainda estão de pé. Se observar atentamente a posição desses pilares, poderá obter algumas dicas sobre quais bloqueios foram removidos e quais você ainda precisa trabalhar. Primeiro olhe para o quadrante em que eles estão. Por exemplo, se um pilar caiu no lado Leste de sua bandeja, você está recebendo uma mensagem de que os bloqueios mentais foram removidos. Ou se vir um pilar ainda de pé no Sul, isso indica que há bloqueios que precisam ser trabalhados em relação à paixão ou ação.

*Pilares de cera*

Você também pode ver onde os pilares estão em relação a outras velas. Se um pilar estiver entre duas velas, pode significar que há um bloqueio entre o que essas duas velas representam. Se houver um pilar caído entre eles, então os bloqueios que estavam lá foram derrubados.

Se estiver trabalhando com velas de cores diferentes em seu feitiço, tome nota de qual coluna de cor está de pé ou caiu e verifique os significados de cores diferentes, conforme descrito no capítulo 2, também pode fornecer informações sobre onde os bloqueios foram removidos ou onde eles ainda precisam ser trabalhados.

## Quando a vela cai

Se sua vela cair sozinha, primeiro verifique se a afixou corretamente no castiçal ou na bandeja e se não estava muito perto de outra vela ou outra fonte de calor que a amoleceu. Uma vela que não foi inserida firmemente em um castiçal e cai pode simplesmente indicar que você precisa ter mais cuidado ao colocá-la. Se uma vela que foi colocada com segurança cair, penso nisso como se alguém estivesse batendo na sua porta. Isso indica que você precisa prestar atenção em algo relacionado ao tópico de seu feitiço. Pode ser que seus guias espirituais estejam tentando chamar sua atenção e você esteja perdendo uma mensagem importante. Coloque a vela de volta na posição vertical, acenda-a novamente e procure por mensagens no mundo a respeito de seu tópico de feitiço. Se sua vela continuar caindo, os espíritos podem estar lhe dizendo: "Tente um feitiço diferente para este problema".

## Suportes de vidro ou pires que quebram ou explodem

Uma vela carregada com muitas ervas com folhas ou pétalas secas pode criar um fogo perigoso que esquenta a ponto de quebrar uma bandeja ou um vidro e até mesmo fazer um pote de vidro explodir. Claro, você pode evitar isso sendo minimalista na aplicação de quaisquer "extras" inflamáveis, como ervas ou papéis de petição.

No entanto, se uma vela que foi vestida com uma quantidade mínima de ervas e óleos quebrar um vidro ou uma bandeja, isso indica que alguém está trabalhando contra você para obter o seu bom resultado. Faça um feitiço de vela de limpeza (como uma vela de vigília de Purificação Energética) e um feitiço de proteção (uma vela de vigília de Proteção Poderosa é ótima para isso) e então faça uma segunda rodada do seu feitiço de vela original. No entanto, se o objetivo do seu feitiço é banir, reverter ou separ e o vidro ou prato de sua vela quebrar, isso é um sinal de que a pessoa ou a energia foi expulsa ou que os laços entre as partes envolvidas serão rompidos de uma forma espetacular do seu caminho.

## Tunelamento de velas

Quando as velas queimam no centro apenas com uma "cratera" ou uma "concha" remanescente da vela original, isso é chamado de "tunelamento". Muitas velas decorativas grandes de pilar são projetadas para criar um túnel, de modo que você verá o brilho da chama através dos lados do pilar quando o centro queimar. O tunelamento não intencional acontece quando o pavio é muito fino ou é do tipo incorreto para a vela. Se sua vela foi projetada para queimar completamente e você já queimou outras velas do mesmo fabricante e não teve problemas com a construção de túneis, pode ter certeza de que é um sinal.

O tunelamento indica que uma parede está erguida ou que há negócios inacabados nesta área. Você pode descobrir em que área essas paredes existem vendo quais partes da vela permanecem. A frente de uma vela figural significa que existem bloqueios voltados para o mundo, a parte de trás significa que existem bloqueios subconscientes. Também procuro ver se há áreas simbólicas da vela que permanecem intactas. Por exemplo, se eu queimar uma vela de caveira e a boca permanecer, vejo isso como um sinal de que as paredes estão erguidas em torno da comunicação. Se a parte de trás do crânio ainda estiver intacta e ereta, então existem coisas no fundo da mente do alvo que estão impedindo a abertura. Se o tunelamento for mais alto em um lado, você também pode observar se a parte mais alta está voltada para uma direção (Norte, Sul, Leste ou Oeste) e ler isso como uma resistência sendo maior em torno dessas áreas.

*Vela queimando de um lado e tunelando*

## Vela acesa de um lado apenas

Se sua vela queimar apenas de um lado, pode ser devido a uma corrente de ar soprando a chama para aquele lado, colocação incorreta do pavio ou um pavio de tamanho errado. Se nenhum desses for o caso, olhe para a direção (Norte, Sul, Leste ou Oeste) em que os restos da vela estão de pé para tentar identificar possíveis assuntos inacabados, resistências ou bloqueios.

## Respingos de cera na lateral do suporte ou na bandeja

Se a cera da vela derramar pela lateral da bandeja ou no prato, pode ser simplesmente o caso dela ser pequena demais para conter a cera. No entanto, se a bandeja for de tamanho apropriado e você observar fluxos incomuns de cera nela, isso pode indicar algum tipo de excesso de expressão; o conselho é enviar mais palavras, ideias ou emoções para si mesmo para ajudar a focar no resultado do feitiço. Veja também em que direção essa cera está fluindo (Norte, Sul, Leste ou Oeste), pois isso pode lhe dar algumas dicas.

# Ceromancia para velas em recipientes de vidro

Quando se trata de ceromancia, velas em recipientes de vidro têm menos elementos para ler em comparação com velas queimadas em bandejas. Envoltas em vidro, a leitura da cera é geralmente mais simples: ou a cera queimou completamente ou não. Também é possível ler qualquer cera restante, com ervas e purpurina, para discernir mensagens mais simbólicas sobre seu feitiço.

## Sem cera no fundo do vidro

Uma queima ideal para uma vela com vidro é que a cera queime completamente, o que indica que não há trabalho ou esforço extra no mundo material que precise ser feito de sua parte e que seu trabalho com o feitiço ajudará as coisas a se moverem rapidamente em direção ao seu objetivo sem problemas.

## Cera na parte inferior ou na lateral do vidro

Quando sobra cera no fundo ou na lateral de uma vela envolta em vidro, isso indica que há uma ação no mundo material que precisa ser realizada para ver o resultado desejado. Por exemplo, se houver excesso de cera em uma vela para estabilidade no trabalho, talvez você devesse ficar de olho em outras oportunidades ou revisar seu currículo. Quanto mais cera sobra, mais ação e esforço são necessários.

## Lendo formas e símbolos no vidro

Também é possível ler símbolos nos restos de uma vela envolta em vidro. Cera, ervas, purpurina e fuligem podem deixar formas que podem ser interpretadas como a leitura de folhas de chá em uma xícara. Certifique-se de procurar formas nos restos mortais e em quaisquer espaços em branco entre eles. Ao discernir essas formas, você pode pesquisar seu significado simbólico em uma lista de símbolos espirituais. Pode ainda encontrar uma lista de símbolos típicos no apêndice V ou procurar significados simbólicos em um dicionário de sonhos ou em algum livro de leitura de folhas de chá.

# Piromancia ou leitura de chamas

Piromancia é a interpretação do fogo. No caso da magia da vela é especificamente a sua chama que conta. Ler a chama pode ser uma experiência bastante mística. Uma maneira muito antiga de ler a chama de uma vela é entrar em estado de transe enquanto olha para ela fixamente em uma sala escura. Se você se der tempo para entrar em transe, começará a ver imagens na chama. Essas imagens podem ser interpretadas usando uma lista de símbolos como a encontrada no apêndice V.

Sempre que estiver lendo a chama é importante estar ciente dos efeitos das correntes de ar em sua vela. Portas ou janelas abertas, respiradouros, condicionadores de ar e aquecedores podem fazer a chama se mover ou queimar apenas um lado da vela. Se notar algo incomum em uma chama, mova sua vela para outra sala ou outra parte do local para ver se a chama continua a se comportar da mesma maneira. Você também pode acender outra vela e colocá-la perto da vela original para observar se as duas estão queimando da mesma forma ou não.

## A chama da vela queima uniforme e estável

O padrão positivo de uma vela requer uma chama forte e estável. Idealmente, sua chama deve ter cerca de 12 mm de altura e queimar em um ritmo uniforme. A chama em si deve ser calma e constante. Uma chama que queima dessa maneira indica resultados positivos para seu feitiço.

## A chama da vela está bem alta

Quando notamos a chama de uma vela queimando muito alto é sinal de que as emoções estão esquentando ou a situação parece fora de controle. Cortar o pavio e fazer com que a chama volte à altura normal é um ato de "diminuir o calor" intencionalmente na situação, ou seja, reconhecer que algo está saindo do controle e saber que tem a capacidade de trazer as coisas de volta ao prumo.

Uma chama do tamanho certo deve ter cerca de 12 mm de altura. Se a chama da vela estiver muito alta, apague-a, use um aparador de pavio ou uma tesoura e apare-o para cerca de 6 mm, reacenda a seguir. Um pavio com cerca de 6 mm de comprimento deve colocar sua chama de volta sob controle. Chamas que queimam muito alto também criarão fuligem na lateral de um pote de vidro ou no vidro de uma vela de vigília e darão uma leitura negativa falsa.

Se estiver trabalhando com um espírito, divindade ou ancestral específico, uma chama que repentinamente dispara alto pode indicar que eles estão presentes e ao seu redor.

## Velas queimam muito rápido

Se a chama de uma vela estiver queimando alto é provável que a vela também esteja se consumindo velozmente, o que pode representar uma situação que está acontecendo muito rápido. Embora algumas pessoas desejem um resultado rápido, as resoluções aceleradas indicadas por uma queima rápida podem produzir resultados que não duram muito. Você pode remediar o feitiço aparando o pavio para 6 mm. A queima rápida também pode ser um problema se estiver usando duas velas que deseja queimar na mesma proporção. Por exemplo, se estiver queimando duas velas figurativas para o amor, é melhor que elas acompanhem o ritmo uma da outra. Em primeiro lugar eu recomendaria que, se estiver acendendo duas velas para representar dois amantes, comece com velas feitas pelo mesmo fabricante para que seja mais provável que queimem no mesmo ritmo. Se uma está queimando muito mais rápido que a outra, você pode apagá-la mais cedo e deixar que a mais lenta a alcance. Em um caso como este, em que uma vela representa uma e outra pessoa, isso indicaria que uma delas tem maior chance de ter emoções mais quentes e mais probabilidade de tomar decisões precipitadas ou acabar com o relacionamento do que a outra. Apare o pavio da vela acesa; quando for reacendê-la, verifique se ela continua queimando muito rapidamente.

## A chama da vela é fraca

Uma chama fraca de vela indica que não há energia pura suficiente ou vontade focada na direção do feitiço. Muitas vezes uma chama fraca é um reflexo de intenções insossas, como "Eu quero esse carro novo, mas como poderei comprá-lo?". Para espiritualistas e caçadores de fantasmas, uma chama que de repente cai baixo pode indicar que os espíritos estão na sala. Levar uma vela de um cômodo para outro e observar se a chama diminui é uma forma antiga de verificar a presença de fantasmas em áreas específicas de uma casa.

## Chama de vela alternada entre forte e fraca

Uma vela que alterna entre uma chama forte e brilhante e outra chama fraca e baixa indica mau humor, sentimentos inconsistentes, ciclos de baixa e alta motivação ou tendência para emoções quentes e frias.

## Vela queima bem devagar

Assim como uma vela pode queimar muito rapidamente, também é possível que ela queime muito lentamente. A menos que esteja queimando mais de uma vela ao mesmo tempo ou tenha queimado muitas velas do mesmo tipo, pode ser difícil dizer se uma vela está mais devagar do que o normal. Uma das maneiras mais visíveis de detectar uma queima lenta é uma vela que parece ter queimado até o fundo do frasco ou da bandeja de vidro, mas continua queimando e queimando... Se notar uma queima lenta, isso indica que o feitiço pode demorar mais do que o normal para produzir resultados. Por outro lado, também pode significar que, uma vez alcançados os resultados, eles serão duradouros e produtivos por um período prolongado.

## A chama da vela se apaga

Se a chama da vela apagar, mas o pavio ainda estiver vertical e visível, primeiro verifique se há uma corrente de ar que pode ter apagado a vela ou se alguém da casa a apagou sem avisar você. Se puder descartar essas causas naturais ou não tem certeza, reacenda a vela. Se apagar novamente, é o Universo dizendo "agora não". Se a acender num total de três vezes e ela se apagar a cada vez, a resposta ao seu objetivo de feitiço é um "não" definitivo. Não se desespere. Comece um novo feitiço com um objetivo reformulado. Por exemplo, se estava fazendo um feitiço para fazer John Smith se apaixonar por você e a chama se apagou sozinha três vezes, inicie um novo feitiço convidando seu parceiro perfeito sem especificar que é John Smith. Este "não" pode ser a maneira do Universo de dizer que há alguém muito melhor para você lá fora.

## A chama da vela se afoga na cera

As chamas das velas podem "se afogar" na cera; ou seja, o pavio pode apagar porque há muita cera se acumulando e isso apaga a chama. Espiritualmente, o afogamento de uma vela pode indicar que não há fogo, paixão ou motivação suficiente sobre o assunto ou que alguém está se afogando em emoções tristes.

No nível prático, isso acontece quando uma vela está cavando um túnel ou tem um pavio muito pequeno para o seu diâmetro. Se tiver a experiência de ver uma vela "se afogar", pode queimar uma vela idêntica para ver se é um problema com a fabricação.

Se seu pilar independente ou vela figurativa estiver se afogando, recomendo cortar canais na lateral da vela de tunelamento para permitir que a cera flua para a bandeja ou você pode derramar o excesso de cera.

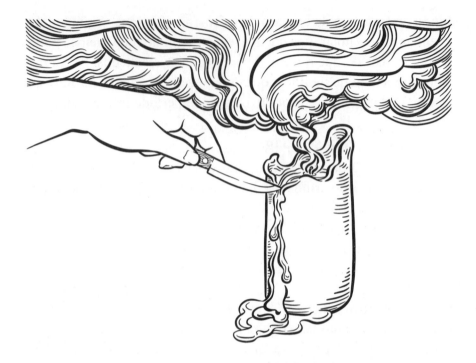

*Cortando canais na lateral da vela*

## Pavio desaparece

Há momentos em que o pavio de uma vela parece desaparecer completamente antes de a vela ter queimado por completo. Se sua vela se apagar antes de chegar ao fundo e não houver pavio à vista, pode ser um erro em sua fabricação ou pode ser um pavio severamente afogado.

Um pavio que desaparece indica alguma lentidão extrema em torno de sua intenção mágica e uma necessidade de mais paixão, entusiasmo, energia ou ação. É resistência, mas resistência por meio de mal-estar, indiferença ou preguiça, em vez de lutar ativamente contra um resultado.

Quando isso acontece, a solução é ajudar a queima da vela adicionando um novo pavio auxiliar. Perfure ou faça um pequeno orifício no centro da vela usando um furador, pauzinho de metal ou agulha de tricô de metal e insira um pequeno pedaço de pavio (agora é quando vai poder usar os pequenos pedaços de pavio que foram aparados de outras velas, acendendo-os pela primeira vez). O novo pavio só precisa se estender para fora da vela cerca de 6 mm; se puder estendê-lo para dentro da vela pelo menos 6 mm, terá o suficiente para reacender a vela. Quando a vela começar a queimar novamente, pode usar uma ferramenta de vela para cavar na poça de cera derretida e ver se consegue encontrar o pavio original. Às vezes o pavio original aparece após adicionar o pavio auxiliar e pode até acender espontaneamente novamente. Se isso acontecer, pode criar uma chama dupla, mas isso não deve necessariamente ser interpretado simbolicamente – é simplesmente causado pelos dois pavios contidos na vela.

*Adicionando um novo pavio*

## Algo pega fogo

Outra coisa que normalmente acontece com os feitiços é que algo além do pavio pega fogo, razão pela qual enfatizo a segurança com qualquer vela mágica. Você deve estar disponível para apagar qualquer coisa que possa pegar fogo – estar acordado e em casa é essencial para a segurança.

Ervas podem pegar fogo, papéis de petições podem ser acesos (não da maneira apropriada) e até mesmo os pequenos pedaços de pavio preto que se acumulam no fundo de uma vela de vigília ou em um pote de mel podem explodir em chamas loucas.

Vamos pelo princípio: se algo está queimando fora de controle, apague. Se estiver muito fora de controle, use um extintor de incêndio! Avalie o problema. Havia uma razão no mundo real para sua vela estar queimando loucamente?

Comprei lindas velas fixas de praticantes incríveis que respeito e admiro, que foram amorosamente empilhadas com ervas e óleos, como um molho de sete camadas. Embora isso possa parecer bonito para as mídias sociais, cria problemas quando a vela queima e tudo o que resta são materiais inflamáveis. Você escreveu um papel de petição do tamanho de um romance e o colocou diretamente sob sua vela? Seria bom colocar esse romance sob a bandeja em vez de em baixo da vela na próxima vez. Veja as causas práticas de por que seu feitiço pegou fogo. Se foi porque estava entusiasmado demais em adicionar elementos inflamáveis ao seu feitiço de vela, anote isso como aprendizado e faça o feitiço novamente de uma maneira mais contida e moderada. Se não houver nenhuma razão mundana aparente para que sua vela tenha se transformado em um incêndio, então você tem uma mensagem espiritual para a qual pode olhar. Incêndios que queimam fora de controle representam um problema fora de controle. Existem grandes emoções? Raiva? Sentimentos destrutivos? Você precisa "queimar" algo antes de manifestar seu bom resultado? Eu recomendaria fazer o feitiço novamente com um tipo de magia mais fundamentada. Faça um feitiço de limpeza antes de refazer seu feitiço e incorpore pedras preciosas e raízes (ambas são muito aterradoras) em sua magia.

## "Nós" no pavio

Saliências pretas de aparência bulbosa no pavio conforme a vela queima são chamadas de "nós", pois parecem que o pavio foi amarrado como um nó no galho de uma árvore. Essas protuberâncias em forma de cogumelo são o resultado da acumulação de carbono no pavio à medida que ele queima. Conforme isso ocorre, esses "cogumelos" devem ser aparados com um aparador de pavio ou com uma tesoura. Em velas envoltas em vidro, esses nós de carbono podem causar fuligem e fumaça e levar a interpretações negativas desnecessárias na leitura de uma vela.

Espiritualmente, nós no pavio indicam que algo está "amarrado" com a intenção do feitiço e pode impedir o resultado desejado, a menos que trabalhe para desamarrá-lo. Descobri que esses são pensamentos ou crenças que temos sobre o trabalho. Por exemplo, se você queima uma vela pedindo por um novo amor, um novo emprego ou uma nova casa, mas seu pavio continua formando nós enquanto queima, verifique seus próprios pensamentos ou crenças sobre sua capacidade de atrair este amor/trabalho/casa para você e faça o trabalho para eliminar quaisquer pensamentos inibidores.

## Chamas falantes

Essa é uma das minhas leituras de chamas favoritas. Uma chama falante é aquela que faz ruídos – tagarelando, estalando ou assobiando. Um leitor de velas habilidoso com o dom da clariaudiência (ouvir mensagens de guias espirituais ou do Espírito) pode até entrar em transe e traduzir as mensagens do Espírito relacionadas ao seu feitiço.

Às vezes, essa vibração pode vir de ervas, como bagas de zimbro, que estouram quando são queimadas, ou de uma vela mal feita que tinha gotas de água misturadas à cera durante o processo de fabricação.

Se estiver trabalhando com ervas que já queimou e uma vela bem feita, é hora de prestar atenção. Mesmo um leitor de velas novato pode interpretar o nível da conversa e o que isso pode indicar.

**Tagarelice suave e infrequente:** mensagens secretas, conversas íntimas, pensamentos puros, palavras gentis e amorosas de seus guias ou de seu alvo.

## O Livro da Magia das Velas

**Conversa moderada, mas frequente:** mensagens importantes, diretivas divinas, informações abundantes, seus guias ou seu alvo têm muito a comunicar com você.

**Estalos frequentes e altos:** desentendimentos, argumentos, advertências severas, seus guias ou seu alvo dizendo: "Preste atenção!"

Quando receber mensagens audíveis, observe os outros sinais em sua leitura de vela para determinar do que se trata a mensagem; mais importante, ouça as mensagens corroborantes espalhadas pelo mundo e veja o que o Espírito está tentando lhe dizer.

## Chama Cintilante

Uma chama cintilante, oscilante, saltitante ou dançante (sem uma corrente de ar para causá-la) é indicação de guias espirituais encorajando e influenciando o feitiço positivamente. O mesmo se aplica a feitiços feitos em você mesmo. Se sua chama está dançando, as mudanças que deseja já estão começando a acontecer. Se o movimento for intenso ou errático, isso pode indicar que o caminho para chegar ao resultado pode ser um pouco caótico.

## Chama Dupla

Chamas duplas podem ser causadas por nós no pavio quebrando, um pavio auxiliar adicionado e um pavio original queimando ao mesmo tempo ou por ervas acrescentadas na vela pegando fogo. Se a chama dupla não for resultado dessas fontes do mundo real, pode indicar separação, divisão ou duas fontes ou pontos de atração separados para o trabalho que está fazendo. Se estiver trabalhando em um alvo, essa pessoa está enviando a mesma energia de volta para você. Também pode indicar que um problema de "chama gêmea" está em jogo; pode ser preciso fazer algum trabalho de feitiço adicional para reunir as duas entidades. Se o feitiço da vela for para uma reunião ou reconciliação, duas chamas podem indicar uma separação, seja temporária ou permanente. Veja se as chamas se juntam novamente (ou ajude-as a se juntarem novamente) para encorajar o par a se unir.

## Chamas Coloridas

Chamas coloridas diferentes de amarelo e laranja são geralmente o resultado de algum material adicional na vela que cria cores quando queimada. No entanto, chamas coloridas que não têm uma fonte física são muito mágicas e são mensagens do Espírito sobre a natureza do seu feitiço. Procure o significado da cor e interprete o que ela significa em termos de seu trabalho de feitiço.

## Faíscas

Podem ocorrer faíscas de velas quando houver material inflamável na poça de cera. Coisas como pavios e pontas de fósforo queimados podem criar faíscas, que podem ser perigosas se pegarem fogo em algo (outro grande motivo para manter uma vela acesa à vista). Uma vela que acende, sem esses materiais inflamáveis extras, é um indicador de que lampejos de percepção intuitiva trarão soluções para os problemas em questão.

## A chama não vai apagar

Se tentar apagar sua vela várias vezes e não conseguir, você tem uma vela que não quer se apagar. Uma vela que resiste a ser apagada está lhe dizendo que você não concluiu seu trabalho. Veja se há algum trabalho mágico que pode adicionar para apoiar sua intenção. Talvez esteja fazendo um banho de limpeza, carregando uma bolsa com pingentes ou adicionando algo à sua petição. Faça algum trabalho de adivinhação (por exemplo, fazer uma leitura ou trabalhar com um pêndulo) para ajudá-lo a descobrir que trabalho espiritual adicional é necessário.

## Chamas curvando-se – atração ou repulsão

Se uma chama estiver curvada, primeiro verifique se há corrente de ar na sala. Mude a vela de lugar ou verifique outras velas ao redor. A chama de uma vela curvada para longe de outra indica que a energia de uma vela quer "fugir" da outra. Se a chama de uma se inclina na direção da outra, isso indica atração.

Nos casos em que as velas representam pessoas, isso pode significar que os sentimentos da pessoa estão se aproximando ou se afastando do objetivo ou de outra pessoa. Se as velas forem representativas de intenções distintas (por exemplo, uma vela para a prosperidade e uma vela para o sucesso), elas podem ser incompatíveis entre si (se curvadas) ou precisam ser reunidas de forma mais sincera (se inclinadas para um outro).

## Chama de vela dobrada em uma determinada direção

No caso de ler chamas de velas curvadas em uma determinada direção, eu pessoalmente prefiro lê-las apenas nas direções verdadeiras da bússola (não à esquerda, à direita, no topo ou no fundo da bandeja). Quando vir a chama de uma vela inclinada em uma direção e não houver corrente de ar, pegue uma bússola para entender o que seus guias espirituais estão tentando lhe dizer.

**Leste:** a chama de uma vela inclinada para o Leste indica ideias inspiradas e mensagens verbais ou escritas que chegam a você para ajudar a atingir seu objetivo. Se o feitiço for feito em outra pessoa, pode significar que ela está pensando em você.

**Sul:** uma chama que se inclina para o Sul indica que ações apaixonadas e energia otimista o levarão na direção certa. O fogo da paixão está queimando e pode ser aproveitado para um bom resultado.

**Oeste:** quando a chama se inclina para o Oeste está dizendo para confiar na assistência espiritual e nas sincronicidades que fluirão para você. Emoção suave e intuição são os sentidos corretos nos quais confiar para obter os melhores resultados.

**Norte:** chama curvada para o Norte é sinal para aproveitar as oportunidades práticas que se apresentarem. Os resultados chegarão em um ritmo lento e constante e manifestações concretas serão vistas.

# Capnomancia ou leitura de fumaça

Capnomancia é a arte da leitura da fumaça e pode ser feita quando uma vela está acesa ou, no caso de velas envidraçadas, depois que a vela se apaga. A vela ideal deve emitir pouca ou nenhuma fumaça enquanto queima. O excesso de fumaça pode indicar uma vela mal feita; uma vela com muitas ervas, óleos ou outros adulterantes adicionados; ou um pavio que precisa ser aparado porque é muito longo ou possui carbono acumulado.

Se você tratou de quaisquer causas mundanas e ainda está vendo fumaça, é hora de fazer um pouco de capnomancia. Uma das maneiras mais místicas de fazer uma leitura de fumaça é induzir um estado de transe e observar a fumaça enquanto ela se enrola em imagens simbólicas divinas e interpretar o que esses símbolos significam, mas existem muitas outras maneiras de fazer leituras de fumaça que não requerem este nível de habilidade.

## Direção de fumaça de vela

Enquanto uma vela está acesa, verifique a direção em que a fumaça está fluindo. Como a chama de uma vela, a fumaça flutuando em uma determinada direção pode indicar uma corrente de ar na sala. Mas se não houver indícios disso, preste atenção na direção em que a fumaça vai. Use uma bússola para determinar a direção da fumaça.

**Leste:** a fumaça indo para o Leste indicará que o uso da lógica na situação trará os melhores resultados e que resultados positivos estão à frente no futuro.

**Sul:** fumaça que vai para o Sul indica que é hora de tomar medidas criativas para atingir seus objetivos e que você está atraindo algo para sua vida.

**Oeste:** fluindo para o Oeste significa que a oração, a meditação ou o trabalho espiritual em torno do tópico produzirão os resultados mais fortes; além disso, revisar, retrabalhar ou consertar algo do passado ajudará a atingir seu objetivo.

**Norte:** indo em direção ao Norte indica que trabalhar passo a passo diligente e prático em direção ao seu objetivo ajudará a alcançá-lo, e que eliminar parte da negatividade é necessário para o sucesso.

## Lendo fuligem

Resíduos de fumaça em velas envoltas em vidro também podem ser lidos enquanto queimam ou depois de queimadas. Antes de avaliar se tem um significado espiritual, verifique se não está permitindo que a fuligem se acumule sem controle. A fumaça geralmente vem de velas mal feitas com fragrâncias baratas, mechas inadequadas ou cera adulterada. Também pode resultar de pavios que acumularam carbono ou não foram aparados. Na maioria das vezes, ele aparece em velas que foram vestidas com muito óleo, fragrância ou pedaços de ervas. Certifique-se de ter cuidado de sua vela o tempo todo antes de levantar as mãos e dizer: "Acontece fuligem!" A fuligem que aparece apesar de seus melhores esforços para manter esses fatores sob controle indica problemas espirituais em torno de seu feitiço.

A fuligem preta escura que bloqueia a luz das velas através do vidro indica bloqueios espirituais em torno de sua intenção. A densidade da fuligem indica o nível de bloqueio – uma névoa cinza escura que ainda permite que a luz passe indica bloqueios pequenos e irritantes que podem ser superados, enquanto a fuligem preta, espessa e densa, que não permite a passagem de luz indica bloqueios pesados que pode precisar de algum trabalho de limpeza adicional.

Um vidro que mostra fuligem não é motivo para desespero. Se o vidro clarear quando olhar para os lados dele, significa que os bloqueios podem ser removidos. O comprimento da fuligem no vidro indica quanto tempo terá que trabalhar para limpar o bloqueio. Por exemplo, uma vela de vidro com fuligem preta de uma polegada (2 cm) abaixo da borda indica que o problema pode ser resolvido muito rapidamente com algum trabalho de limpeza espiritual. Uma fuligem densa que desce quase até quase o fundo do vidro indica que pode ter de trabalhar para limpar uma situação espiritualmente bloqueada por um tempo antes que as coisas comecem a avançar. Uma vela que queima em preto, de cima para baixo, é um "não" duro do Universo. Então, tente abordar o problema de um ângulo diferente ou faça um tipo diferente de feitiço. Por exemplo, em vez de fazer um feitiço de reconciliação, faça um feitiço para encontrar um novo (e ainda melhor) amor, ou faça algum trabalho de limpeza espiritual focado para remover toda aquela gosma espiritual negativa.

Pontos isolados de fuligem densa na lateral do vidro de uma vela indicam crenças que você mantém e que estão lhe impedindo de alcançar seu objetivo. Autojulgamento, falta de confiança ou sentimento de indignidade podem estar atrapalhando o trabalho do feitiço. O tamanho do local indicará o quão grande é o problema desses sentimentos e crenças internalizados.

Se a fuligem em seu pote de vela for densa, alguma ação no reino espiritual é necessária. Existem algumas opções: refazer seu feitiço do zero, o que pode ser tudo o que é necessário para bloqueios menores. Já para bloqueios maiores ou problemas antigos, pode valer a pena primeiro queimar uma vela de Purificação Energética, Block Buster, Open Roads ou Van Van para remover os bloqueios espirituais e, quando esta vela de limpeza tiver queimado limpa e completamente, acenda outra vela para a sua intenção original.

Além disso, você pode querer fazer outro tipo de limpeza para melhorar seu trabalho. Fazer uma série de três, sete, nove ou treze banhos de limpeza com cristais de banho preparados ou sal de epsom e sal marinho e mais algumas gotas do óleo espiritual apropriado pode remover bloqueios ao seu redor – esta limpeza também é particularmente boa para crenças negativas internalizadas.

Às vezes uma fuligem cinza-clara ou branca aparecerá no vidro de uma vela e isso indica que seus guias espirituais estão cercando você neste assunto e gostariam de ajudá-lo em sua situação. Se você atualmente não tem uma conexão com seus guias espirituais, conecte-se com eles por meio de oração, meditação, uma sessão com um médium ou montando um altar de guia espiritual. Peça ajuda e veja o que eles têm a dizer sobre a sua situação.

# 12

# Adicionando um Toque Especial

É muito bom fazer seu feitiço de vela em qualquer lugar, mas alguns de nós temos grandes números de produção da Broadway em nossos corações e visões de feitiços fabulosos em nossas cabeças. Nós precisamos de mais!

## Altares

Os altares são espaços sagrados separados para fazer sua mágica e podem ser internos ou externos, tão grandes e elaborados quanto uma gruta, um santuário ou uma sala inteira montada com mesas e estátuas, ou tão discretos e secretos quanto um peitoril de janela, uma mesa lateral ou uma prateleira. Um não é melhor que o outro, é simplesmente uma questão do que é prático e do que lhe agrada.

A razão pela qual montamos um altar é para reservar um espaço para fazer nosso trabalho mágico. Assim como uma escrivaninha é um espaço reservado para escrever ou fazer lição de casa, montar um altar chama nossa atenção para o nosso trabalho de feitiço. Embora seja inteiramente possível fazer um feitiço de vela e colocá-lo na mesa da cozinha (e fazer o trabalho em um porão ou escondido é realmente um benefício encaixá-lo nas partes mundanas do nosso espaço), criar um altar nos permite adicionar muitos outros elementos mágicos de suporte aos nosso feitiços.

Se tiver opção, escolha uma sala onde a magia será mais eficaz. Os quartos são excelentes para feitiços de amor e fertilidade, cozinhas para trabalhos familiares e de prosperidade, banheiros para feitiços de purificação e limpeza e salas de estar para trabalhos de antepassados, por exemplo.

A principal preocupação ao montar um altar para o trabalho com velas é mantê-lo à prova de chamas. Enfeitar seu altar com tecido em cascata, montar um altar de vela entre as folhas coloridas do outono ou espalhar papéis soltos e fotos ao redor de um altar de mesa lateral pode parecer adorável, mas é perigoso, porque podem pegar fogo.

O altar ideal é feito de pedra ou de ladrilho cerâmico. A pedra e o ladrilho são resistentes, não inflamáveis e não conduzem calor como o metal. Um pedaço de granito ou mármore ou um tripé de azulejo colocado em uma mesa pode proteger seu altar de velas de pegar fogo, é muito mais fácil de limpar do que um pano de altar e protege o acabamento de madeira contra manchas ou queimaduras.

Colocar estátuas, estatuetas e imagens emolduradas em altares pode adicionar belos elementos e conectar seu trabalho a divindades, ancestrais, animais espirituais, anjos ou outros espíritos importantes.

Valiosos talismãs também podem ser colocados em seu altar ao lado de seus feitiços de velas, em vez de em suas bandejas, para que não fiquem cobertos com cera e tenham que ser limpos. Veja o apêndice IV para exemplos de talismãs.

Pedras preciosas e cristais podem ser colocados em altares para serem abençoados e podem trazer energias adicionais e suporte para seu trabalho de feitiço. Veja o apêndice II para exemplos de algumas gemas e seus usos mágicos.

Oferendas a deusas, deuses, ancestrais, santos, anjos, espíritos e elementais também podem ser colocados no altar para convidá-los a apoiar seu trabalho. Álcool, frutas, flores, doces, tabaco, pão, bolos e dinheiro são todos exemplos de ofertas deixadas para os espíritos.

Itens naturais como penas, conchas, pedras, pinhas, bolotas e galhos também podem ser adicionados para fortalecer seus feitiços. Certifique--se de que os itens inflamáveis sejam colocados a uma distância segura das velas. Veja o apêndice III para exemplos de conchas e seus usos mágicos e o apêndice IV para exemplos de talismãs naturais.

Itens cerimoniais ou mágicos como cálices, queimadores de incenso, sinos, varinhas, athames, caldeirões ou almofarizes e pilões podem ser adicionados ao altar e carregados com a energia espiritual de seu feitiço ou usados para fortalecê-lo.

Ferramentas para fazer seu trabalho no altar, como fósforos, abafador, ferramentas de entalhe, óleos, seu grimório e incenso podem ser armazenados em ou perto de seu altar para capacitar esses instrumentos com magia enquanto esperam para serem usados. Eles podem ser colocados no altar como estão ou em recipientes atraentes para facilitar o acesso e realçar a beleza do seu altar.

Elementos de água, como um copo de água mineral ou uma pequena fonte de mesa podem ser adicionados ao seu altar para convidar a ajuda espiritual e as energias do elemento Água.

Um pano de altar pode ser colocado na mesa sob sua laje de pedra para designar o espaço como sagrado e separado de sua sala mundana. Se for colocar uma toalha do altar sobre a mesa, coloque a vela em um tripé ou ladrilho para mantê-la longe da toalha.

Ao criar um espaço de altar, você pode organizar as coisas de acordo com o que quiser ou pode criar um ambiente formal seguindo os ditames de seu caminho espiritual pessoal.

Os altares podem ser montados em muitos lugares da casa ou do local de trabalho. Por exemplo, uma mesa lateral, console, consolo da lareira, peitoril da janela (certifique-se de que não haja cortinas que possam pegar fogo), mesa de cabeceira ou o topo de uma cômoda podem ser configurados como um altar em sua casa. Se tiver permissão para acender velas no trabalho, o canto de uma escrivaninha ou a parte superior de um arquivo pode servir como espaço de altar. Pense criativamente em espaços que podem ser configurados como altares e encontrará muitas opções onde mora ou trabalha.

## Ritual

O ritual é uma parte importante da vida espiritual – ele nos permite deixar o mundo mundano e entrar em estados alterados onde podemos nos conectar com o espírito. Nesse local a magia se torna possível e nossos feitiços têm um custo extra. O ritual nos permite deixar nossas mentes irem para outros lugares, e os rituais espirituais em particular nos permitem entrar nos estados liminais, onde podemos mudar as coisas com mais eficácia no reino espiritual.

Um dos grandes dons de ter uma prática religiosa é que todas as religiões incluem um elemento de ritual. Até mesmo pessoas não religiosas têm rituais. Tradições familiares, desfiles em feriados especiais, bolos de aniversário, saudações e despedidas – todos incorporam algum elemento de ritual.

A parte importante do ritual é que depois de repeti-lo indefinidamente, em um determinado ponto não terá mais que pensar nas etapas. Uma comparação mundana seria a capacidade de apertar a mão de alguém automaticamente quando você é apresentado em um ambiente de negócios, o que permite que sua mente se concentre em outras coisas (como lembrar do nome da pessoa!).

Se você já tem um caminho espiritual talvez já tenha alguns rituais (como orações) que pode incorporar aos feitiços das velas, ou pode ter rituais das velas que pode adaptar à sua magia. Eu o encorajo a criar rituais que funcionem para você. Certamente que é possível acender uma vela para um feitiço sem um ritual e ainda assim ver bons resultados, mas se realmente deseja entrar no espaço onde a magia acontece, tente alguns rituais em sua prática mágica com velas; veja o que funciona e o que não funciona e mantenha as coisas que fazem sua mágica cantar.

Para fazer um bom ritual, é preciso de um começo, um meio e um fim. A preparação é um sinal de que está saindo do mundo mundano e entrando no espaço onde seu foco está em sua magia. O meio é onde a magia acontece. E o fechamento significa sair do espaço sagrado e voltar para o mundo real. A seguir estão alguns exemplos de coisas que pode incorporar em seu ritual de feitiço de vela:

## Preparação ritual – Início

- Jejuar ou alterar a dieta
- Ferramentas de coleta
- Preparar e organizar seu altar
- Adornar-se
- Limpar-se
- Limpar seu espaço (incenso ou spray)
- Tocar música (música gravada ou tocar um instrumento)
- Movimentar-se (dança, gestos significativos, ioga)
- Meditar (meditação silenciosa ou meditação guiada)
- Escrever seu plano de feitiço
- Escrever livremente sua intenção de feitiço

## Durante o ritual – Meio

- Convidar os elementos, espíritos, divindades, ancestrais
- Fazer orações
- Cantar
- Entoar
- Meditar
- Lançar um Círculo Mágico
- Segurar e carregar sua vela
- Juntar o feitiço da vela ao ritual
- Falar suas palavras de feitiço (falando, sussurrando, gritando, cantando)
- Acender sua vela

## Encerramento do Ritual – Fim

- Palavras de encerramento ("está feito", "que assim seja", "amém")
- Agradecer e liberar os elementos, espíritos, divindades, ancestrais
- Fazer movimentos de aterramento (tocar a terra, deitar no chão)
- Fazer visualizações de aterramento (imaginando sua energia voltando para a terra)
- Ação de aterramento (comer ou beber algo saudável)
- Arrumar as ferramentas

Os rituais podem ser tão simples ou complexos quanto o que funciona para você. A seguir dou um exemplo do que faço quando realizo um ritual de acender uma vela, totalmente desenvolvido em casa, para mim.

## Ritual para a prosperidade pessoal

1. Coloco uma música meditativa que ajuda a definir que estou prestes a fazer um trabalho de feitiço.
2. Tomo um banho de limpeza usando cristais preparados de abundante prosperidade ou sal epsom, sal marinho e camomila.
3. Coloco óleo de atração magnética no meu corpo em um movimento ascendente (dos pés em direção à cabeça).
4. Visto roupas limpas de tecido verde.
5. Queimo incenso para atrair dinheiro na sala onde está meu altar; por exemplo, patchuli e benjoim em carvão de bambu. Alternativamente, misturo algumas gotas de óleo da Prosperidade Abundante com água mineral em um borrifador, agito-o e borrifo ao redor da sala.
6. Preparo e monto meu espaço de altar, arrumando moedas da sorte, talismãs especiais, estátuas das deusas Lakshmi e Fortuna (deusas da prosperidade e da sorte) e um papel de petição com minha intenção nele.

7. Seguro uma vela de gato verde em minhas mãos, fecho meus olhos e visualizo minha prosperidade enquanto coloco minha energia na vela.
8. Coloco a vela em uma bandeja, temperada com óleo de prosperidade abundante, cercada por velas de suporte amarelas, raiz de bandeira azul, bagas de pimenta-da-jamaica, patchuli, calêndula e lágrima-de-nossa-senhora.
9. Fecho meus olhos e visualizo meu bom resultado.
10. Peço a ajuda de meus guias espirituais.
11. Falo minhas palavras de feitiço e acendo a vela.
12. Fecho meus olhos e visualizo novamente meu bom resultado.
13. Agradeço aos meus guias espirituais e digo "Está feito".
14. Abaixo-me e toco o chão com as pontas dos dedos para aterrar minha energia.
15. Como um pouco de comida para me trazer de volta ao reino material.

Tente planejar um ritual antes de fazer o seu feitiço. Você pode imaginar o roteiro como se fosse um show com um primeiro, segundo e terceiro atos. Decida o que gostaria de incorporar e anote as etapas em um pedaço de papel para que não precise se preocupar com o que vem a seguir.

# 13

# Terminei!
# O que acontece agora?

### Por quanto tempo deixo minha vela queimar?

A maioria dos feitiços não se completa até que a vela esteja completamente queimada. Portanto, procure queimar sua vela sempre que estiver em casa e alerta. Para a maioria dos feitiços de velas, também é preferível que elas queimem completamente o mais rápido possível.

Existem algumas exceções a esta regra. Se estiver fazendo um feitiço usando numerologia, por exemplo, que exige que uma vela seja queimada em pequenos incrementos ao longo de certo número de dias, como uma vela de 7 dias que deve ser queimada à razão de uma parte por dia ao longo do curso de sete dias. Neste caso, você queimará a vela apenas por esse período de tempo.

Se for queimar sua vela por mais de três ou quatro horas de cada vez, vai precisar aparar o pavio para que não fique muito quente e aparar os nós do pavio à medida que avança, para evitar de a chama ficar muito grande e esfumaçada.

Em qualquer caso, uma vez que sua vela tenha queimado completamente, seu trabalho com o feitiço estará completo. Sua função agora é imaginar, esperar e receber os resultados positivos.

# O que fazer com suas velas restantes

O que fazer com o feitiço da vela quando estiver completo? Se você queimou uma vela simples completamente e não há restos, não há mais nada a fazer. Mas como a maioria dos feitiços de velas sobra algo no final, existem muitas opções para o que pode ser feito com esses restos; sua escolha pode depender de seu feitiço.

## A maneira simples

A maneira mais simples de descartar o resto da cera da vela é jogá-la no lixo. Embora não seja terrivelmente cerimonial, funciona; disposições mais sofisticadas podem não ser necessárias para feitiços simples. Jogue-o no seu próprio lixo se o feitiço for para trazer algo, ou em uma lixeira, longe de sua casa, se estiver descruzando, banindo ou tentando limpar algo negativo.

## Guardar os restos da vela

Se estiver trabalhando com uma vela de invocação, pode tirar os restos mortais da bandeja ou do prato, colocá-los em um saco de papel ou embrulhá-los em um pano e deixar em um local apropriado (como seu quarto para um feitiço de amor ou seu escritório para um feitiço de prosperidade) até que o feitiço se concretize. Quando realizar seu desejo, pode descartar esses restos da maneira que desejar.

Alternativamente, você pode manter a energia do feitiço em andamento enterrando a cera e os restos da erva em sua propriedade ou em um vaso de planta. Enterrar ou permanecer com os restos em seu jardim da frente se estiver trabalhando para trazer algo para você, ou em seu quintal se quiser manter algo que já possui.

## Recicle o seu castiçal

Quando sua vela estiver completamente queimada, pode optar por reciclar o recipiente de vidro. Naturalmente você vai querer reutilizar bandejas, pratos e castiçais. Em caso afirmativo, vai precisar tirar qualquer cera restante deles. Primeiro, certifique-se de que seu suporte é adequado para forno (sem plástico ou qualquer coisa que possa derreter), em seguida, coloque-o em uma assadeira e leve ao forno na potência mais baixa (geralmente entre 65º e 80º Celsius). Deixe lá por cerca de cinco a dez minutos e depois retire-o com um pegador de panela ou luva de forno. Uma vez que a cera esteja macia, ela pode ser removida com uma toalha de papel.

Como alternativa, pode usar um secador de cabelo na potência alta para amolecer a cera. Segure no suporte com uma luva de forno e deixe o secador soprando sobre a cera. Depois de amolecer, pode retirar a cera e limpá-lo.

## Deixe os restos da vela em uma encruzilhada

Ao longo da história e em muitas culturas, encruzilhadas (um cruzamento onde duas ou mais estradas se encontram) foram consideradas lugares mágicos. Quando você deixa seu feitiço permanecer em uma encruzilhada, está enviando-o em todas as direções para o mundo mais amplo. Portanto, pode deixar coisas das quais deseja se livrar e coisas que deseja enviar ao mundo nesses lugares. Por exemplo, se estiver fazendo uma vela de limpeza, pode deixar os restos em uma encruzilhada para que toda a negatividade vá embora. Se for um feitiço para o sucesso, também pode deixá-lo em uma encruzilhada para espalhar seu sucesso em todas as direções.

Acima de tudo, esteja ciente daquilo que vai deixar na encruzilhada. Algumas coisas têm um propósito ecológico maior do que outras. Deixar as cinzas de um papel de petição queimado terá um pequeno impacto, mas jogar sacos plásticos, castiçais de vidro, potes de mel e outros itens que não se quebram naturalmente cria lixo e vai deixar uma bagunça feia e ainda pode ser pego por outra pessoa e jogado na lixeira de qualquer maneira. Quanto menor forem os vestígios de qualquer resíduo que você planeja deixar, mais eles ficarão integrados à encruzilhada e continuarão a fazer seu trabalho.

Dito isso, você não precisa deixar todos os restos na encruzilhada para obter o efeito que deixá-los lá pode ter. Uma colher de chá da cera e das ervas restantes pode ser facilmente deixada no meio de uma incruzilhada, e assim, transportar a energia do seu feitiço para onde precisa que ela vá. As bandejas podem ser limpas e reutilizadas, o vidro pode ser reciclado, itens naturais como cera de abelha e ervas podem ser compostados e o resto pode ser descartado como desejar.

Se deseja que seu feitiço permaneça na encruzilhada, pode levá--los como estão ou embrulhar apenas a cera e as ervas restantes (não o vidro ou a bandeja) em um saco de papel ou pano natural e deixar o pacote no meio de um cruzamento tranquilo. Largue-o e afaste-se sem olhar para trás. Se estiver trabalhando em algo do qual está se livrando, deixe-o em um cruzamento longe de sua casa. Se estiver trabalhando em algo que gostaria de trazer para você, deixe-o em um cruzamento mais próximo de sua casa.

## Enterrando os Restos

Se você fez algum trabalho para remover uma maldição pesada ou para banir algo negativo, pode enterrar os restos em algum lugar longe de sua casa. Enterrar é um ritual que tem um sentido de permanência.

Para extrema negatividade, você pode enterrar seus restos de vela em um cemitério para ter a certeza de que o problema está "morto e se foi" ou para obter um espírito amigável para ajudar em sua causa. Se enterrar algo em um cemitério, certifique-se de fazê-lo com algum pagamento aos espíritos. Moedas e álcool são pagamentos simbólicos que tornarão os espíritos mais inclinados a ajudar.

## Faça Talismãs

Se estiver trabalhando com velas de cera de abelha, existe a opção de transformar sua cera em um talismã. Os talismãs de cera de abelha permitem que carregue a magia do seu feitiço e mantenha a energia funcionando.

Com o calor das mãos ou com um secador de cabelo você pode amolecer a cera e transformá-la em símbolos como corações ou cifrões e colocar esses talismãs de cera no altar ou adicionar um pequeno pedaço da cera a um saco de mojo. Pode também transformar a cera em um boneco e continuar a trabalhar em uma pessoa em particular.

## Quanto tempo leva um feitiço para funcionar?

O tempo que um feitiço demora para se concretizar depende das circunstâncias que cercam a ocasião: se a sua situação já estiver fluindo na direção certa, é comum ver resultados muito rapidamente. No entanto, situações mais desafiadoras podem exigir mais tempo ou até mesmo mais de um feitiço para serem revertidas.

Como regra geral, aprendi a verificar se o feitiço está movendo as coisas para frente olhando primeiro para a leitura da chama, da cera e da da fumaça; a partir daí, se tudo estiver bem, você pode verificar se há mensagens, movimento e manifestação. A razão para procurar esses três sinais é para nos lembrar de que a maioria dos feitiços não se manifestam durante a noite e também para manter uma perspectiva positiva, mesmo que os resultados não sejam imediatos.

## Mensagens

Alguns dias depois da conclusão do seu feitiço de vela procure um pequeno sinal positivo (como ouvir uma música especial no rádio, ver uma palavra em um outdoor, ouvir um nome, ver um número repetido em um relógio ou ver um símbolo de algum tipo). Estas são mensagens do Universo ou de seus guias espirituais, não da fonte de seu feitiço. Em outras palavras, se estiver fazendo um feitiço de amor para atrair uma pessoa específica, esta não será uma mensagem da pessoa; será algo que você verá ou ouvirá no mundo que o lembrará fortemente da pessoa. Espere até experimentar uma forte sincronicidade (coincidência significativa) de algum tipo. Por exemplo, você pode conhecer uma pessoa com o mesmo nome ou ver a data de nascimento dela em uma placa de carro.

Se estiver trabalhando em um feitiço geral em vez de uma pessoa em particular, sua mensagem pode ser mais simbólica. Por exemplo, encontrar uma moeda na rua indica que seu feitiço de prosperidade está funcionando.

## Movimento

Procure um movimento em direção ao seu objetivo dentro de algumas semanas – isto é, algo que aconteça na direção do seu resultado desejado ou algum tipo de melhoria. Ao contrário de uma mensagem, o movimento é algo que vem da fonte. Por exemplo, se estiver fazendo um feitiço para um novo emprego, o movimento pode ser uma chamada para uma entrevista. Esse movimento não é a manifestação completa do que deseja; é apenas um passo na direção certa.

## Manifestação

Procure a manifestação completa de seu resultado dentro de alguns meses. Às vezes, quando digo isso, as pessoas entram em pânico: "Quer dizer que vai demorar três meses para chegar ao meu objetivo?" A palavra-chave é dentro de alguns meses. Isso significa a qualquer hora entre um e noventa dias ou mais. Se você tem uma situação descomplicada, provavelmente verá um resultado mais rápido, embora, executando o feitiço certo, eu já tenha visto até mesmo situações complicadas mudarem milagrosamente.

## E se eu não vir nenhuma dessas mensagens?

Se em algum ponto você não estiver vendo nenhuma mensagem, movimento ou manifestação final dentro do período de tempo especificado, a realidade é que provavelmente terá que voltar e dar mais energia ao seu trabalho, empregar uma nova estratégia, acender outra vela ou fazer um trabalho mais espiritual em torno de sua situação.

Pense nisso: nem toda doença é curada com uma dose de remédio; às vezes outra dose é necessária, em alguns casos são necessárias várias doses... ou até um tipo de medicamento totalmente diferente. O mesmo é verdade para o trabalho espiritual.

Se achar que seu trabalho de feitiço não está produzindo resultados e gostaria de saber um momento mais específico para seu caso em particular ou uma avaliação espiritual de como a situação é desafiadora, procure consultar sua ferramenta de adivinhação favorita ou obter uma leitura de um leitor de confiança ou praticante de magia que pode examinar sua situação particular de uma perspectiva espiritual.

# 14

# Criando o seu Grimório

Caso você queira fazer algo mais complicado, deve começar por planejá-lo primeiro. Nada é pior do que passar pela metade de um feitiço e então ter que correr para a loja esotérica para comprar o ingrediente que você já deve ter, mas que não consegue encontrar em sua casa. Ruim também seria tropeçar em suas palavras de feitiço, porque não consegue dizer com clareza o que está acontecendo.

Antes de começar, escreva seu plano no papel. Há outro grande motivo para escrever seus feitiços de vela também, e parece super bruxesco e mágico – você precisa criar um Grimório.

## O que é um Grimório?

"Grimório" é uma palavra chique para seu livro de feitiços. Algumas pessoas chamam de "Livro das Sombras" (porque é seu formulário secreto) ou "Livro da Luz" (porque é sobre iluminar), mas no final das contas grimório é o lugar onde serão registrados seus feitiços para posteridade, ou pelo menos para tê-los escritos, caso o feitiço da prosperidade estremeça e você queira fazê-lo novamente para trazer mais dinheiro, sei lá, um ano depois, e quer se lembrar exatamente do que fez.

## Os passos básicos de um feitiço de vela

As etapas básicas de um feitiço de vela podem ser descritas da seguinte forma:

1. Escreva seu papel de petição.
2. Escreva sua folha de cola com as palavras do feitiço.
3. Limpe e prepare o espaço do altar.
4. Vista e abençoe sua vela.
5. Coloque a vela no altar.
6. Concentre sua energia.
7. Fale suas palavras de feitiço e acenda a vela.
8. Apague a vela quando for dormir ou sair de casa.
9. Acenda-a novamente quando acordar ou voltar para casa.
10. Queime a vela até que esteja completa.
11. Descarte todos os restos mortais.

Você vai fazer o básico com seu feitiço, mas como já aprendeu sobre alguns elementos mais complexos para incorporar em seu trabalho, vamos adicioná-los à sua lista para a preparação avançada de velas.

Primeiro encontre um belo livro para ser seu grimório. Sim, você pode usar um caderno de espiral da loja de um real para o seu livro de feitiços, mas isso realmente vai satisfazer o seu mago interior? Eu acho que não. Ao mesmo tempo, não quero que evite de começar seu grimório porque está economizando dinheiro para aquele diário caro, encadernado em couro de Corinto e costurado à mão por elfos em uma clareira na floresta sob uma Lua cheia de Libra. Comece com um lindo diário que adora ler e que cabe no seu orçamento. Depois de fazer aquele grande feitiço de prosperidade, prometo que você pode copiar suas anotações para aquela maravilha feita pelos elfos (e se souber onde conseguir um, pode me avisar?).

# O colapso do seu plano de feitiço

Se realmente quer trazer sua magia para cima, terá que se comprometer a escrever seus feitiços. Aqui está um formato básico do que deve ser observado em seu grimório:

- Objetivo do feitiço
- Data de início do feitiço
- Data de término do feitiço
- Ingredientes usados
- Palavras em papel de petição
- Palavras de feitiço faladas
- Layout e plano de feitiço
- Notas rituais
- Notas sobre a queima das velas
- Resultados do feitiço

Então, vamos detalhar o que você vai escrever para cada seção:

## Antes de começar

Antes de escrever coisas em seu grimório é uma boa ideia esclarecer para que serve esse feitiço. Comece pela escrita livre, apenas registrando seus pensamentos em um diário separado ou em uma folha de papel (consulte o capítulo 4 para obter detalhes sobre escrita livre antes de escrever seu feitiço). Depois de escrever um parágrafo no papel, concentre-se na verdadeira intenção de seu feitiço e então estará pronto para escrever em seu grimório.

## Objetivo do feitiço

A primeira coisa que você vai escrever em seu grimório é o objetivo de seu feitiço. Certifique-se de que seu objetivo seja escrito de forma positiva – escreva sobre o que quer, não o que não quer. Em vez de escrever: "Este é um feitiço para fazer meu chefe parar de implicar comigo"; escreva: "Este é um feitiço para fazer meu chefe me respeitar,

para ele me ver de maneira positiva e me tratar de maneira amigável".
Se escrever seu objetivo de feitiço de forma negativa, seu chefe pode
parar de importunar você, mas isso não define um curso para o que
ele fará em vez de lhe importunar – e essas coisas podem ser tão in-
desejáveis quanto. Por exemplo, ele pode lhe ignorar, demitir você ou
até ser inconveniente. Então, para evitar apenas trocar um problema
por outro, declare seu objetivo de feitiço de forma positiva para que
obtenha exatamente o que deseja.

Certifique-se de que seu feitiço aborda um único tópico. Escrever
um feitiço que incorpore muitos tópicos diferentes vai fazer com que
seu feitiço funcione confuso e diluído. Por exemplo, em vez de definir
o objetivo "Quero que meu chefe me respeite e também quero começar
um pequeno negócio paralelo para ganhar dinheiro extra", seria mais
eficaz fazer isso como dois feitiços separados.

## Datas do feitiço início/término

As datas de início e término do feitiço também são importantes.
Se você tem a opção de planejar seu feitiço no futuro, pode escolher
uma data que dê a ele algumas vantagens, como um certo dia da semana, fase da lua, signo astrológico ou data numerológica que apoie
seu resultado.

Escreva a data de término do seu feitiço se estiver planejando um
feitiço de vários dias e gostaria que terminasse em um dia específico. Se
não tiver uma data específica em que gostaria que o feitiço terminasse
deixe um espaço para anotar quando ele terminou para que possa se
lembrar de quanto tempo levou para a vela queimar.

## Ingredientes de feitiço usados

Esta é a parte divertida, onde se planeja quais velas, óleos, ervas,
pedras, conchas e talismãs serão usados em seu feitiço. Pensando na
vela, você deve considerar o estilo, a cor e por quanto tempo deseja que
ela queime. Pode também escolher os óleos, ervas e curiosidades que
vão junto à intenção do seu feitiço. (Consulte o apêndice I para obter

informações sobre ervas e óleos, o apêndice II para obter informações sobre gemas, o apêndice III para obter informações sobre conchas e o apêndice IV para obter informações sobre talismãs).

## Palavras em papel de petição

Este é o lugar onde será definido quais palavras e o formato exato para o seu papel de petição. Usando seu objetivo de magia como base, você vai poder reescrever uma petição que reflita seus objetivos. Pode ser que as palavras de sua petição simplesmente reafirmem seu objetivo como uma declaração mais pessoal do "eu", mas se houver outras pessoas envolvidas, é mais eficaz incluir seus nomes.

No feitiço que estamos usando como exemplo, uma petição poderosa e direta poderia ser "John Smith me respeita, ele me vê de maneira positiva e me trata de maneira amigável". Ou você pode escrever John Smith três vezes e depois cruzá-lo três vezes com o seu nome no mesmo padrão. (Consulte o capítulo 3 para obter mais informações sobre a criação de documentos de petição).

Não se esqueça dos outros detalhes! É interessante também anotar quaisquer sigilos ou símbolos incluídos em seu papel de petição, bem como quaisquer palavras, símbolos ou sigilos gravados em sua vela.

## Palavras faladas

Também é útil trabalhar as palavras que vai falar antes de começar o feitiço. Escrever essas palavras significa que você não vai travar ou ficar com a língua presa quando chegar a hora de acender sua vela.

Você pode ser como eu e preferir falar palavras mágicas de cabeça no momento, mesmo assim, pelo menos ter uma ideia do que vai dizer com antecedência lhe dará um ponto de partida. Também é uma boa ideia anotar as palavras gerais faladas se quiser fazer um feitiço bem-sucedido novamente no futuro.

Se você é o tipo de pessoa que gosta de usar palavras formais ou um poema como palavras de feitiço, terá seus dísticos rimados em seu grimório para que possa lê-los enquanto acende sua vela e coloca seu feitiço em movimento.

## Layout e plano de feitiço

É aqui que você mapeia seu feitiço. Escrever seu plano de feitiço é ótimo para pensar no futuro e saber o que vai precisar antes de começar. Se você vai fazer as velas que usará para seus feitiços, este é o lugar onde pode se preparar para isso também. Às vezes pode pensar que tem tudo o que precisa listado na seção de ingredientes do feitiço, mas ao planejar, percebe que esqueceu alguma coisa ou surge a ideia de uma adição brilhante à sua lista de materiais.

Para uma pessoa visual, esta será a parte mais divertida de seu planejamento de grimório, porque pode desenhar um mapa para seu feitiço. Gosto de desenhar um layout de cima para baixo do meu feitiço, mostrando onde vou colocar minhas velas e, se for um feitiço de vela em movimento, para onde elas vão se mover. Posso mostrar os padrões das ervas que vou polvilhar e também anotar a cor das velas e quais óleos e ervas vou colocar em quais velas.

Este mapa pode ser útil não apenas para o pré-planejamento, mas quando seu feitiço for concluído e você tiver obtido ótimos resultados, ele o ajudará a lembrar do que fez e a criar feitiços futuros que também usem os melhores elementos de seu trabalho bem-sucedido.

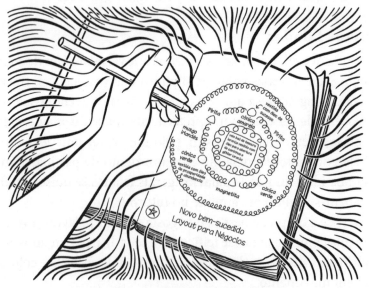

*Exemplo de mapa de layout de feitiço*

## Notas Rituais

Se estiver incorporando algum ritual ou preparação especial para o seu feitiço, vai querer anotar isso também. Você tomou um banho de limpeza antes, por exemplo, ou queimou um incenso especial em seu quarto, ou colocou um pano especial em seu altar? Certifique-se de anotar esses detalhes em seu grimório também.

## Notas acesas de velas

Enquanto sua vela está acesa, e mesmo após ela terminar de se consumir, é bom ir anotando tudo o que aconteceu. É interessante fazer anotações sobre como a vela queima e quaisquer símbolos que notou depois que a vela foi concluída. Você pode fazer suas anotações sobre piromancia (lendo a chama), ceromancia (lendo a cera) e capnomancia (lendo a fumaça) à medida que avança e depois que ela é terminada, e relacionar tudo com os resultados obtidos.

Nesta seção, você também pode observar qualquer solução de problemas que tenha feito na vela para fazê-la queimar bem, como derramar o excesso de cera ou aparar o pavio em uma chama muito alta. Pode também observar como descartou os restos da vela, para que possa consultá-los mais tarde.

## Resultados do feitiço

Aqui você pode anotar os resultados do seu feitiço e quando eles aconteceram. Quando uma vela estiver completa, procure três placas de sinalização que forneçam feedback sobre o desempenho do seu feitiço.

Mensagens são sinais positivos vindos do Universo sobre o seu feitiço. Movimento é algo acontecendo que indica que as coisas estão se movendo na direção certa, mas esse ainda não é o resultado final. A manifestação é o resultado final do seu feitiço, alcançando o que se propôs a realizar.

Anotar a data em cada etapa é importante, pois fornece um ponto de referência de quanto tempo o trabalho demorou para se manifestar.

# 15

# Tente Faça um Feitiço de Vela

Tente fazer um feitiço de vela, apenas um. É assim que começamos, com nossa primeira vela, a primeira vez que acendemos um fósforo e o colocamos em um pavio com um desejo por algo diferente.

Fazer magia com vela é uma maneira de controlar seu poder e sua magia e canalizá-la para tornar sua vida mais rica, feliz e gratificante. O poder de criar a vida que deseja existe dentro de você e os feitiços das velas ajudam a desbloquear essa magia e direcioná-la da maneira que decidir.

A magia da vela é poderosa: é o poder do fogo e da vontade; o poder da paixão e da mudança; o poder que reside dentro de você, de mim e de todas as outras pessoas neste Planeta; o poder que reside ao nosso redor e ao qual temos acesso a qualquer momento, sempre que precisarmos.

Minha missão era mostrar a você, alma única especial e bela que é, como acessar a chama dentro de si mesmo, aproveitando a magia que mantém aí dentro, como uma pequena chama, mostrando como alimentar essa chama até que seja a luz mais brilhante do Universo.

Mostrar como criar sua própria magia, mostrar a magia que reside dentro de você e a magia que está ao seu redor é minha missão nesta jornada de vida. Este livro é a chave para desbloquear toda essa magia.

Experimente um feitiço de vela, apenas um, e eu sei que isso vai começar a alimentar a chama de poder dentro de você. Trabalhe com as velas, conheça-as. Faça amizade com as pétalas das flores, as ervas e as raízes que você vai utilizar no seu feitiço. Deixe as mãos bagunçadas, cobertas com óleos, purpurina, pós. Sinta o poder em suas mãos. Sinta o poder em seu coração. Sinta o poder de suas palavras ao deixá-las fluir para fora de você – para o éter, para os céus, para trás no tempo e para o futuro – mudando, transmutando, dobrando a estrutura do tempo e do espaço à sua vontade.

Você tem o poder dentro de si mesmo, esperando para ser liberado, para te transformar, para transformar o mundo.

Experimente um feitiço de vela, apenas um.

# Apêndice I

# Lista de Ervas Mágicas [12]

As ervas são parte integrante do trabalho com feitiços. Aqui está uma lista de algumas ervas secas básicas e fáceis de encontrar, raízes e outros itens semelhantes que podem ser usados para intenções mágicas em seus feitiços de vela.

O símbolo [o] indica que a erva ou raiz também está geralmente disponível como um óleo ou óleo essencial, que pode ser usado para misturar um óleo espiritual.

**Amaldiçoar/Azarar/Encruzilhada:** assafétida [o]; semente de mostarda preta [o]; pimenta-preta [o]; pimenta-da-guiné; chicória; pimenta-vermelha; sal (preto); enxofre; raiz de valeriana [o]; tabaco.

**Amor (novo):** cardamomo [o]; erva-gateira; coentro [o]; cubeba [o]; erva-cidreira [o], levístico; sândalo [o]; sene; folha ou raiz de lírio-do--bosque; açafrão; gengibre.

**Amor (platônico):** acácia; erva-dos-gatos; cravo-da-índia [o]; passiflora.

**Amor (romântico):** raiz de mandrágora americana; erva-macaé; cominho [o]; erva-gateira; canela [o]; damiana; alecrim; semente de endro [o]; sangue-de-dragão; erva-campeira [o]; genciana; gengibre [o]; hibisco; raiz de jalapa; high john the conqueror; jasmim [o]; lavanda [o]; capim-limão [o]; levístico; manjerona [o]; murta [o]; raiz de orris;

---

12. N. do T.: Algumas plantas são típicas da América do Norte, como não encontramos referências em nosso idioma, optamos por manter os nomes em inglês para possíveis aquisições pela internet.

232 | O Livro da Magia das Velas

lírio-florentino [o]; passiflora; patchouli [o]; baunilha; trevo-vermelho; rosa [o]; açafrão; sal (rosa); sândalo [o]; cumaru [o]; folha de violeta; semente de mostarda amarela [o].

**Atração:** erva-gateira; cedro [o]; coentro [o]; damiana; zimbro [o]; laranja [o]; raiz de orris; raiz de lírio-florentino [o]; erva-de-bicho/erva-daninha.

**Atrair clientes:** agrimônia; devil's shoestring; hobblebush; rosa-de-gueldres; fumária; musgo-irlandês (musgo-do-mar).

**Autoconfiança:** bergamota [o]; cinco-em-rama; grama de cinco dedos; equinácea; flor-de-cone-roxo; raiz de equinácea; gengibre [o]; raiz de jalapa; high john the conqueror; raiz de orris; raiz de lírio-florentino [o]; tabaco; milefólio [o].

**Autoridade:** bergamota [o]; raiz de jalapa; raiz de high john the conqueror; raiz de astrantia; raiz de orris; raiz de lírio-florentino [o]; selo-de-salomão; aspérula-odorífera.

**Beleza:** erva-gateira; erva-campeira [o]; ginseng [o]; alecrim [o]; erva-santa.

**Bem-estar/clareza mental:** grãos de cacau; alcaravia [o]; tussilagem; grão de mostarda [o]; pervinca; alecrim [o]; arruda; erva-de-bicho; hortelã [o].

**Bênção:** raiz de angélica [o]; cedro [o]; copal [o]; olíbano [o]; passiflora.

**Carreira:** cinco-em-rama; grama de cinco dedos; pimenta-da-guiné; raiz-de-cascalho; visco; noz-pecã, aspérula-odorífera.

**Casamento:** raiz de sangue; cominho [o]; coentro [o]; folha ou raiz de lírio-do-bosque; damiana; espinheiro; lavanda [o]; magnólia; manjerona [o]; murta [o]; laranja [o]; pervinca; folha de framboesa; trevo-vermelho; alecrim [o]; nardo [o]; vinca-de-madagáscar.

**Casos de tribunal/questões jurídicas:** semente de mostarda preta [o]; espinheiro; calêndula; cáscara sagrada; cinco-em-rama; grama de cinco dedos; semente de endro [o]; galanga; raiz de joaninha [o]; orégano [o]; semente de papoula.

Lista de Ervas Mágicas | 233

**Comunicação:** sálvia-comum, tomilho.

**Confusão:** semente de mostarda preta [o]; pimenta-da-guiné; semente de papoula; pimenta-vermelha; sal (preto); enxofre.

**Controle sobre outros:** raiz de angélica [o]; raiz de cálamo [o]; cedro [o]; ginseng [o]; erva-daninha; alcaçuz; verbasco; quássia; tabaco.

**Coragem:** borragem; verbasco; chá; tomilho [o]; mil-folhas [o].

**Cura (emocional):** bálsamo de gilead; manjerona [o]; baunilha.

**Cura (geral):** pimenta-da-jamaica [o]; alteia; raiz de angélica [o]; raiz de cálamo [o]; cominho [o]; tussilagem; goldenseal; mirra [o]; pimenta-da-guiné; erva-cidreira [o]; arruda; girassol [o].

**Cursos reversos:** agrimônia; assafétida [o]; devil's shoestring ; sais de epsom; hobblebush; casca de cãibras; eucalipto [o]; capim-limão [o]; arruda; sal (preto); vetiver; sálvia-branca [o].

**Desapaixonar:** noz-preta; pistache; beladona.

**Desejos:** louro [o]; espinheiro; dente-de-leão; flor de sabugueiro; fava; feijão mojo; ginseng; pimenta-da-guiné; lágrima-de-nossa-senhora; sálvia [o]; sândalo [o]; girassol [o]; cumaru [o].

**Empréstimos:** alfafa; cinco-em-rama; grama de cinco dedos; raiz de jalapa; high john the conqueror; raiz de orris; raiz de lírio-florentino [o]; selo-de-salomão.

**Fama:** raiz de jalapa; high john the conqueror; astrantia; master root; raiz de orris; raiz de lírio-florentino [o]; passiflora; girassol [o].

**Felicidade:** pimenta-da-jamaica [o]; manjericão [o]; benjoim [o]; grãos de cacau; erva-gateira; lavanda [o]; manjerona [o]; tomilho [o]; baunilha.

**Fertilidade:** semente de mostarda preta [o]; figo; espinheiro; murta; patchouli [o]; pinho [o]; carvalho-branco; doca-amarela.

**Fidelidade:** manjericão [o]; confrei; semente de cominho [o]; nardo [o]; sene, escutelária; espinheiro; magnólia; pervinca; folha de framboesa; alecrim [o]; folha ou raiz de lírio-do-bosque; alecrim.

234 | O Livro da Magia das Velas

**Habilidades psíquicas:** acácia; alteia; anis [o]; louro [o]; cânfora [o]; semente de aipo [o]; canela [o]; tussilagem; dente-de-leão; linho [o]; raiz--de-cascalho; jasmim [o]; artemísia [o]; hortelã-pimenta [o]; hortelã [o].

**Imortalidade:** acácia; maçã; sálvia [o]; catinga-de-mulata.

**Limpeza espiritual/descruzamento:** agrimônia; alcaneta; raiz de angélica [o]; erva-doce [o]; assafétida [o]; louro [o]; benjoim [o]; cohosh azul; raiz de cálamo [o]; cânfora [o]; camomila [o]; canela [o]; cinco-em-rama; erva-cidreira; semente de endro [o]; sangue-de--dragão; matricária; galanga; raiz de gengibre tailandês [o]; hissopo [o]; erva-cidreira [o]; verbena-limão [o]; capim-limão [o]; urtiga; patchouli [o]; poejo; peônia; hortelã-pimenta [o]; pinho [o]; cutucar; alecrim [o]; arruda; sal (rosa); sal (branco); salitre; olmo ; enxofre; selo-de-salomão; hortelã [o]; valeriana [o]; verbena [o]; carvalho--branco; sálvia-branca [o].

**Novos empreendimentos:** canela [o]; gengibre [o]; erva-cidreira [o]; bolota; capim-limão [o].

**Paz:** pimenta-da-jamaica [o]; manjericão [o]; benjoim [o]; confrei; raiz de sangue; centáurea; lavanda [o]; manjerona [o]; mirra [o]; poejo; pervinca; alecrim [o]; sândalo [o]; raiz de valeriana [o].

**Poder pessoal:** bergamota [o]; cravo [o]; devil's shoestring; equinácea; flor-de-cone-roxo; raiz-de-cobra; genciana; gengibre [o]; raiz jalapa; high john the conqueror; astrantia; raiz master; raiz de orris; raiz de lírio-florentino [o].

**Proibição:** assafétida [o]; bérberis; louro [o]; boldo; cedro [o]; devil's shoestring; hobblebush; rosa-de-gueldres; erva-daninha; sal (preto); raiz de valeriana [o].

**Prosperidade/Dinheiro:** bolota; alfafa; alcaneta; raiz de bandeira azul; cinco-em-rama; pimenta-da-jamaica [o]; manjericão [o]; confrei; myrica; calêndula; cáscara sagrada; canela [o]; grama de cinco dedos; cravo [o]; sangue-de-dragão; feno-grego [o]; gengibre [o]; pinho [o]; musgo-irlandês (musgo-do-mar); noz-moscada [o]; patchouli [o]; sassafrás [o]; salsaparrilha; escutelária; erva-de-bicho.

**Proteção (dinheiro):** alcaneta; camomila [o]; hortelã [o]; sangue-de--dragão; hortelã-pimenta [o]; sassafrás [o].

**Proteção (espíritos):** angélica [o]; anis [o]; assafétida [o]; manjericão [o]; louro [o]; cominho [o]; sangue-de-dragão; sabugueiro; olíbano [o]; azevinho; visco; pinho [o]; arruda; anis-estrelado [o]; carvalho-branco.

**Proteção (geral):** acácia; agrimônia; alteia; angélica [o]; bálsamo de gileade; bérberis; manjericão [o]; louro; benjoim [o]; pimenta-do-reino [o]; cardo abençoado; alho; raiz de cálamo [o]; cáscara sagrada; sal; cinco-em-rama; grama de cinco dedos; coentro [o]; devil's shoestring; arbusto; rosa-de-gueldres; sangue-de-dragão; flor de sabugueiro; eucalipto [o]; erva-doce [o]; matricária; linho [o]; gengibre; bardana; pimenta-da-guiné; limão [o]; capim-limão [o]; manjerona [o]; visco; verbasco; semente de mostarda [o]; mirra [o]; orégano [o]; poejo; peônia; pinheiro [o]; picada; arruda; artemísia; sândalo [o]; alecrim; olmo escorregadio; selo-de-salomão; folha ou raiz de lírio-do-bosque; verbena [o]; sálvia-branca [o].

**Proteção contra mal olhado:** agrimônia; erva-doce [o]; semente de cominho [o]; devil's shoestring; hobblebush; limão; flor de sabugueiro; rosa-de-gueldres; arruda.

**Quebra de hábitos ruins:** eucalipto [o]; hissopo [o]; erva-daninha.

**Reconciliação:** bálsamo de gilead; manjericão [o]; centáurea; damiana; sangue-de-dragão; miosótis; nardo [o].

**Removendo obstáculos:** devil's shoestring; arbusto; casca de cãibra, erva-cidreira [o]; capim-limão [o]; pinho [o]; sal (branco).

**Repelir inimigos:** bérberis; louro [o]; pimenta-preta [o]; eucalipto [o]; hortelã-pimenta [o]; pimenta-vermelha; sal (preto); hortelã [o]; enxofre; valeriana; raiz de valeriana [o].

**Rompimento:** limão [o]; verbena-limão [o]; pimenta-vermelha; sal (preto); enxofre; folha ou raiz de lírio-do-bosque; pimenta-caiena.

**Sabedoria:** louro [o]; selo-de-salomão; girassol [o]; sálvia-branca [o].

**Saúde/Força:** bolota; louro [o]; coentro [o]; semente de endro [o]; raiz de jalapa; high john the conqueror; peônia; pinho [o]; sal (vermelho); tomilho; carvalho-branco; sálvia-branca [o].

**Sexo/Luxúria:** raiz de sangue; raiz de cálamo [o]; açafrão; cominho [o]; cardamomo [o]; semente de aipo [o]; canela [o]; cubeba [o]; damiana; sangue-de-dragão; equinácea; flor-de-cone-roxo; raiz de equinácea; gengibre [o]; hibisco; jalapa; high john the conqueror; zimbro [o]; capim-limão [o]; mirra [o]; patchouli [o]; cártamo [o]; sal (vermelho); sândalo [o]; salsaparrilha; semente de mostarda amarela [o].

**Sorte (apostas):** alfafa; pimenta-da-jamaica [o]; angélica [o]; araruta; calêndula; camomila [o]; canela [o]; cravo [o]; confrei; visco; devil's shoestring; hobblebush; rosa-de-gueldres; capim-cinco; raiz de jalapa; gengibre [o]; pimenta-da-guiné; musgo-irlandês (musgo-do-mar); high john the conqueror; lágrima-de-nossa-senhora; noz-moscada [o].

**Sorte (geral):** bolota; alcaneta; manjericão [o]; benjoim [o]; raiz de cálamo [o]; erva-gateira; cominho [o]; devil's shoestring; hobblebush; rosa-de-gueldres; gengibre [o]; raiz-de-cascalho; raiz de jalapa; high john the conqueror; poejo; peônia; sal (rosa); sal (branco); camomila; salitre; anis-estrelado [o]; folha ou raiz de lírio-do-bosque; arruda.

**Sucesso/Vitória:** canela [o]; trevo; equinácea; flor-de-cone-roxo; raiz de equinácea; gengibre [o]; raiz de jalapa; high john the conqueror; erva-cidreira [o]; raiz mestre; raiz de orris; raiz de lírio-florentino; girassol [o]; aspérula; aspérula-odorífera.

**Sucesso nos negócios:** agrimônia; alfafa; pimenta-da-jamaica; myrica; benjoim [o]; canela; cinco-em-rama; grama cinco de dedos; fumária; musgo-irlandês (musgo-do-mar); sassafrás [o]; aspérula-odorífera.

**Término de fofoca/Intriga:** semente de chia; cravo [o]; orégano [o]; olmo-escorregadio.

**Trabalho dos sonhos:** cânfora [o]; alecrim [o]; camomila [o]; semente de aipo [o]; cinco-em-rama; capim-cinco; linho [o]; olíbano [o]; hibisco; jasmim [o]; anis-estrelado [o].

**Trabalho espiritual (conexão com espíritos):** acácia, alteia, anis [o], bálsamo de gilead, cáscara sagrada, semente de aipo [o], copal, dente-de-leão, olíbano [o], pimenta-da-guiné, azevinho, erva-doce, cardo, tabaco, absinto [o].

**Viagem segura:** cinco-em-rama; grama de cinco dedos; confrei; artemísia [o]; arruda; cardo.

**Vingança:** assafétida [o]; semente de mostarda preta [o]; pimenta-preta [o]; pimenta-da-guiné; raiz de jalapa; high john the conqueror; pimenta-vermelha; sal (preto); enxofre; tabaco; raiz de valeriana [o].

# Apêndice II

# Lista das Pedras Mágicas

Pedras preciosas e cristais são lindas ferramentas que podem ser adicionadas aos seus feitiços com velas. Elas são carregadas com uma poderosa vibração positiva, então você nunca verá nenhuma pedra ser usada em feitiços para amaldiçoar ou atrapalhar, mas quando adicionadas aos seus feitiços positivos, elas serão aliadas incríveis.

**Amor (novo):** magnetita; areia magnética; quartzo-rosa; turmalina.

**Amor (platônico):** ágata; cornalina; jaspe-dálmata; turmalina-rosa; crisoprásio; quartzo-rosa; turquesa.

**Amor (romântico):** âmbar; ametista; berilo; cornalina; granada; jade; lápis-lazúli; lepidolita; malaquita; pedra da lua; pérola; rodocrosita; safira; topázio.

**Atração:** âmbar; citrino; magnetita; areia magnética; pedra do sol.

**Autoconfiança:** apatita; pedra de ouro azul; iolita; unakita; pedra de ouro vermelha; pirita; jaspe-vermelho.

**Autoridade:** lápis-lazúli; jaspe-vermelho; pedra do sol; olho de tigre.

**Beleza:** âmbar; água-marinha; olho de gato; granada; jaspe mookaite; opala; zircão-laranja.

**Bem-estar/clareza mental:** aventurina; quartzo-claro; esmeralda; fluorita; hematita; labradorita; selenita; sodalita; zircão.

**Carreira:** granada; lápis-lazúli; malaquita; pedra do sol.

**Casamento:** jaspe-dálmata; diamante; esmeralda; rubi.

**Comunicação:** apatita; aventurina; cornalina; celestita; uvita; rodonita; safira; sardônica; sodalita; turquesa.

**Coragem:** ágata; amazonita; ametista; água-marinha; pedra-sangue; pedra de ouro azul; cornalina; diamante; pedra uivante; lápis-lazúli; olho de tigre; obsidiana-mogno; turmalina-vermelha; rodonita; turquesa.

**Criatividade:** amazonita; apatita; aventurina; malaquita; pedra de ouro vermelha; sodalita.

**Cura (emocional):** aventurina; crisoprásio; jade; lápis-lazúli; prehnita; rodonita; quartzo-rosa; rubi-fuchsita; safira; sodalita.

**Cura (geral):** ametista; azurita; calcita-azul; olho de gato; celestita; quartzo-claro; hematita; lepidolita; ágata-musgo; peridoto.

**Cursos reversos:** turmalina-negra.

**Desejos:** quartzo-transparente.

**Fama:** aventurina; cornalina; malaquita; jaspe-vermelho; pedra do sol; topázio-amarelo.

**Felicidade:** rodocrosita; ametista; angelita; aventurina; ônix-preto; cornalina; crisoprásio; zircão-amarelo.

**Fidelidade:** jaspe-dálmata; granada; morganita; opalita; turquesa.

**Habilidades psíquicas:** ametista; apatita; água-marinha; azurita; berilo; citrino; quartzo-claro; esmeralda; fluorita; granada; diamante herkimer; labradorita; lápis-lazúli; pedra da lua; prehnita; selenita; sodalita.

**Limpeza espiritual/Desamarrar:** fluorita; obsidiana de floco de neve, água-marinha; turmalina-negra; calcita.

**Novas empresas:** amazonita; cianita-azul; crisoprásio; pedra da lua.

**Paz:** ametista; angelita; água-marinha; aventurina; calcita-azul; turmalina-azul; cornalina; crisocola; diamante; fluorita; lepidolita; malaquita; obsidiana; rodocrosita; quartzo-rosa; rubi-fuchsita; safira; selenita; sodalita.

## Lista das Pedras Mágicas | 241

**Poder pessoal:** lápis-lazúli; pedra do sol; olho de tigre.

**Proibição:** obsidiana-negra; turmalina-negra; hematita; obsidiana floco de neve; quartzo-rutilado.

**Prosperidade/Dinheiro:** aventurina; pedra de sangue; olho de gato; crisoprásio; citrino; esmeralda; turmalina-verde; opala; zircão-verde; jade; magnetita; areia magnética; malaquita; ágata-musgo; pérola; peridoto; pirita; rubi; safira; pedra solar; olho de tigre; topázio; calcita.

**Proteção (dinheiro):** citrino; esmeralda; jade; ágata-musgo; diamante; peridoto; pirita.

**Proteção (espíritos):** turmalina-negra; shungite; fluorita; olho de gato; quartzo-transparente; zircão-transparente; azeviche; pedra da lua; pérola; peridoto; quartzo-fumê; turquesa.

**Proteção (geral):** ágata; âmbar; rasgo-apache; turmalina-negra; calcita; cornalina; crisoprásio; granada; hematita; jaspe; lápis-lazúli; lepidolita; obsidiana de mogno; malaquita; mica; obsidiana; olivina; rubi; ônix, turmalina-vermelha; zircão-vermelho; obsidiana de floco de neve; pedra do sol; olho de tigre; topázio.

**Proteção contra mal olhado:** quartzo-claro; hematita; labradorita; turmalina-preta.

**Quebra de hábitos ruins:** ametista; ônix-preto; hematita.

**Reconciliação:** crisoprásio; diamante; rodonita; selenita.

**Removendo obstáculos:** ágata; quartzo-transparente; fluorita; malaquita.

**Repelir inimigos:** obsidiana-negra; turmalina-negra; pedra de sangue; hematita.

**Sabedoria:** ônix preto; crisocola; uvita; jade; lápis-lazúli; prehnita; serpentina; sodalita; sugilita.

**Saúde/força:** ágata; âmbar; berilo; pedra de sangue; cornalina; citrino; diamante; granada; jaspe-vermelho; calcita; zircão-vermelho; azeviche; pedra do sol; topázio.

**Segurança em viagem:** água-marinha; calcedônia; pedra da lua; zircão-laranja.

**Sexo/Luxúria:** jaspe-vermelho; pedra do sol; quartzo-esfumaçado; zircão-amarelo; cornalina; granada.

**Sorte (apostas):** aventurina; olho de gato; magnetita; olho de tigre; areia magnética; pirita.

**Sorte (geral):** ágata; âmbar; lágrima apache; opala; turmalina-negra; aventurina; crisoprásio; citrino; azeviche; lepidolita; olivina; pérola; quartzo-turmalinado; turquesa.

**Sucesso nos negócios:** pedra de sangue; malaquita; turmalina-verde; citrino; jade; pirita; pedra do sol; zircão-amarelo.

**Sucesso/Vitória:** amazonita; ônix preto; ímã; crisoprásio; lápis-lazúli; pirita; pedra de ouro azul.

**Trabalho dos sonhos:** azurita; calcita-azul; diamante herkimer; ametista; labradorita.

**Trabalho espiritual (conexão):** ametista; angelita; pedras de boji; calcita; diamante; fluorita; diamante herkimer; labradorita; cristal de semente de lemur; lepidolita; obsidiana de mogno; ametista de espírito; quartzo de espírito; lápis-lazúli; sugilita.

**Vidas passadas:** quartzo-fantasma.

# Apêndice III

# Lista de Conchas Mágicas [13]

As conchas incorporam a energia das criaturas que outrora abrigaram, bem como o poder mágico da água. É possível usar qualquer tipo de concha para trabalho psíquico, proteção espiritual e física, conexão com o reino espiritual e amor. Alternativamente, você pode escolher uma concha particular que incorpore a intenção especial de seu feitiço para uma magia mais focada.

**Adivinhação:** búzio.

**Amor (novo):** ostra.

**Amor (platônico):** bear's paw (*Hippopus hippopus*), kitten's paw oyster (*Plicatula gibbosa*), Berbigão (*Cerastoderma edule*), concha (em geral), periwinkle (*Littorina littorea*).

**Amor (romance):** clam (*Spisula solidissima*), Berbigão (*Cerastoderma edule*), búzio, vieira, spindle (*Fusinus colus*).

**Assuntos legais:** foliated thorn murex (*Muricidae*).

**Atração:** bolacha-da-praia (*Clypeasteroida*), admirable cone (*Conus praecellens*).

---

13. N. do T.: no Brasil os nomes das conchas e dos moluscos não são amplamente difundido, sendo assim, optamos por traduzir apenas os mais comuns e os demais mantivemos as nomenclaturas em inglês e também seus respectivos nomes científicos, permitindo assim uma busca mais detalhadas com a ajuda da internet.

244 | O Livro da Magia das Velas

**Autoconfiança:** cerithium (*Cerithiidae*), clam (*Spisula solidissima*), drupe (*Drupa morum*), limpet (*Lapa*), lion's paw (*Nodipecten nodosus*), reticulated cowrie helmet (*Cypraecassis testiculus*), venus comb murex (*Muricidae*).

**Autoridade:** bullmouth helmet (*Cypraecassis rufa*), limpet (*Lapa*), búzio-canilha (*Bolinus brandaris*), Queen Miter (*Vexillum regina*), whelk (*Busycon carica*).

**Banimento:** textile cone (*Conus textile*).

**Beleza:** abalone (Haliotis), ostra, vieira.

**Bem-estar mental/Clareza/Foco:** tenebra (*Terebridae*), concha (em geral), leopard cone (*Conus leopardus*), nautilus (*Nautilus belauensis*), paper moon scallop (*Amusium papyraceum*), periwinkle (*Littorina littorea*), bolacha-da-praia (*Clypeasteroida*), whelk (*Busycon carica*).

**Carreira profissional:** top snail (*Trochidae*), whelk (*Busycon carica*).

**Casamento:** búzio, noble frog (*Bursina nobilis*), wedding cake venus clam (*Spisula solidissima*).

**Comunicação:** clam (*Spisula solidissima*), concha (em geral), cuttlefish bone (*Osso de choco*), nude thorny oyster (*Spondylus anacanthus*), olive shell (*Olividae*), pencil urchin (*Heterocentrotus mamillatus*), tooth (*Scaphopoda*), triton (*Ranellidae*).

**Coragem:** tenebra (*Terebridae*), cerithium (*Cerithiidae*), leafy jewel box (*Chama macerophylla*), limpet (*Lapa*) murex (*Muricidae*), reticulated cowrie helmet (*Cypraecassis testiculus*), cipreia-tigre (*Cypraea tigris*).

**Criatividade:** moon snail (*Naticidae*), olive shell (*Olividae*), thorny cowrie (*Spondylus Imperialis*), triton (*Ranellidae*), wentletrap (*Epitoniidae*), whelk (*Busycon carica*).

**Cura (emocional):** chick pea cowrie (*Pustularia globulus*), Berbigão (*Cerastoderma edule*), red abalone (*Haliotis rufescens*), Arca zebra (*turkey wing*), bolacha-da-praia (*Clypeasteroida*), spindle (*Fusinus colus*).

Lista de Conchas Mágicas | 245

**Cura (geral):** abalone (*Haliotis*), vieira, clam (*Spisula solidissima*), nautilus (*Nautilus belauensis*), olive shell (*Olividae*), bolacha-da-praia (*Clypeasteroida*), screw.

**Desejos:** Placostylus land snail (*Placostylus*).

**Estabilidade:** marisco (*Anadara granosa*), clam (*Spisula solidissima*), búzio, helmet (*Cypraecassis rufa*), mexilhão (*Mytilus edulis*), periwinkle (*Littorina littorea*), top snail (*Trochidae*).

**Fame:** illustrious cone (*Conus excelsus*), thorny cowrie (*Spondylus Imperialis*), sundial (*Architectonica perspectiva*).

**Felicidade:** berbigão (*Cerastoderma edule*), grinning tun (*Malea ringens*), Japanese Babylon (*Babylonia japonica*), triton (*Ranellidae*), Arca zebra (*turkey wing*).

**Fertilidade:** cerithium (*Cerithiidae*), cavalo-marinho (*Hippocampus*), coral, búzio, ostra, vieira, whelk (*Busycon carica*), egg case (*casca de ovo de concha*).

**Fidelidade:** búzio.

**Fofoca (acabar com):** vieira pata-de-leão (*Nodipecten nodosus*), cat's eye (*Lunella smaragda*), rapa snail (*Rapa rapa*), snipe's bill murex (*Muricidae*), thorny cowrie (*Spondylus Imperialis*).

**Habilidades psíquicas:** abalone (*Haliotis*), búzio, janthina (*Janthina janthina*), jingle (*Anomia ephippium*), limpet (*Lapa*), moon snail (*Naticidae*).

**Liberdade:** angel wing (*Pholadidae*), arca zebra (*turkey wing*).

**Limpeza Espiritual/Desamarrar:** abalone (*Haliotis*), clam (*Spisula solidissima*), concha (em geral), olive shell (*Olividae*).

**Mau olhado (proteção de):** cat's eye (*Lunella smaragda*), coral.

**Novos empreendimentos:** berbigão (*Cerastoderma edule*), concha (em geral), hieroglyphic venus clam (*Spisula solidissima*), keyhole limpet (*Lapa*), little star bolma (*Bolma bartschii*), nautilus (*Nautilus belauensis*), olive shell (*Olividae*) sundial (*Architectonica perspectiva*).

246 | O Livro da Magia das Velas

**Paz:** abalone (*Haliotis*), berbigão (*Cerastoderma edule*), janthina (*Janthina janthina*), jingle (*Anomia ephippium*), miter (*Mitridae*), moon shell (*Neverita didyma*), bolacha-da-praia (*Clypeasteroida*), vieira, sundial (*Architectonica perspectiva*).

**Poder Pessoal:** bear's paw (*Hippopus hippopus*), limpet (*Lapa*), spider (*Lambis lambis*), thorned latirus (*Opeatostoma pseudodon*), top snail (*Trochidae*), tusk shell (*Scaphopoda*).

**Prosperidade/Dinheiro:** abalone (*Haliotis*), candy-stripe tree snail (*Liguus virgineus*), clam (*Spisula solidissima*), búzio, janthina (*Janthina janthina*), olive shell (*Olividae*), ostra, bolacha-da-praia (*Clypeasteroida*), slipper tooth shell (*Scaphopoda*).

**Proteção (de espíritos):** corais, abalone (*Haliotis*), cat's eye (*Lunella smaragda*).

**Proteção (geral):** marisco (*Anadara granosa*), tenebra (*Terebridae*), bear's paw (*Hippopus hippopus*), cone (*conus*), helmet (*Cypraecassis rufa*), moon snail (*Naticidae*), murex (*Muricidae*), mexilhão (*Mytilus edulis*), slipper (*Crepidula fornicata*), spider (*Lambis lambis*), thorny cowrie (*Spondylus Imperialis*).

**Quebrar maus hábitos:** lightning whelk (*Busycon carica*), limpet (*Lapa*), squamose chiton (*Chiton squamosus*), warted egg búzio (*Calpurnus verrucosus*).

**Reconciliação:** búzio azulado.

**Removendo obstáculos:** angel wing (*Pholadidae*), cat's eye (*Lunella smaragda*), frog shell (*Bursidae*), limpet (*Lapa*).

**Sabedoria:** concha (em geral), limpet (*Lapa*), bolacha-da-praia (*Clypeasteroida*), whelk (*Busycon carica*).

**Saúde (fortalecer):** tenebra (*Terebridae*), bear's paw (*Hippopus hippopus*), clam (*Spisula solidissima*), concha (em geral), helmet (*Cypraecassis rufa*), limpet (*Lapa*), lion's paw (*Nodipecten nodosus*), nautilus (*Nautilus belauensis*), ostra, spider (*Lambis lambis*).

**Separação:** carrier (*Xenophoridae*).

**Sexo/Luxúria:** tenebra (*Terebridae*), búzio azulado, ostra.

**Sorte (geral):** coral, ostra, bolacha-da-praia (*Clypeasteroida*), whelk (*Busycon carica*).

**Successo/Vitória:** angel wing (*Pholadidae*), blood mouth shell (*Conomurex luhuanus*), Cerithium (*Cerithiidae*), Glory of India cone (*Conus milneedwardsi*), limpet (*Lapa*), lion's paw (*Nodipecten nodosus*), murex (*Muricidae*), tooth shell (*Scaphopoda*), triumphant star tusk shell (*Guildfordia triumphans*).

**Sucesso nos negócios:** búzio, harpa polinésia (*Harpa gracilis*), top snail (*Trochidae*).

**Trabalho espiritual (conexão com espíritos):** angel wing (*Pholadidae*), crown conch (*Melongena patula*), miter (*Mitridae*), bolacha-da-praia (*Clypeasteroida*), vieira, spire (*Tarebia granifera*).

**Viagem:** vieira.

# Apêndice IV

# Lista de Talismãs Mágicos

Talismãs podem ser adicionados a um altar ou colocados ao redor de uma vela para servir de suporte para o trabalho de feitiço. Talismãs podem ser um item real (por exemplo, uma bolota) ou um símbolo do item (um amuleto de prata em forma de bolota).

**Abelha:** fertilidade; comunidade; sucesso em circunstâncias aparentemente impossíveis; abundância; cooperação; doçura; alegria; empreendimentos bem-sucedidos; beleza.

**Amuletos:** bênçãos em função do simbolismo do encanto.

**Anel:** casamento; proposta; união; sucesso contínuo e felicidade.

**Ankh**[14]**:** vida eterna; vidas passadas; sucesso.

**Bola de Bruxa**[15]**:** proteção contra espíritos malignos.

**Bolota:** novos começos caminhando para grande sucesso, economia, fertilidade, sorte.

**Boneca:** representação de um indivíduo.

**Botão:** vedação; ligação; conexão.

**Cadeado:** vinculação; controle; compromisso.

14. N. do T.: nome dado à cruz egípcia, conhecida também como cruz ansata.
15. N. do T.: é uma esfera oca de vidro. Historicamente, bolas de bruxa eram penduradas em janelas de chalés na Inglaterra dos séculos 17 e 18 para afastar os espíritos malignos, bruxas, feitiços malignos, azar e espíritos ruins.

**Caldeirão:** transformação; magia; adivinhação; renascimento; abundância.

**Cálice:** espírito; emoções; espiritualidade; consciência psíquica.

**Cartas de Tarô:** cada carta tem uma energia particular que pode ser usada como um talismã.

**Castanheiro-da-índia:** saúde; proteção; prosperidade (tóxico se comido – mantenha longe de animais de estimação e crianças).

**Chave de ferro:** desbloqueio da boa sorte; chegada fácil de um bebê; abertura de portas; liberdade; chave para o coração; chaves do conhecimento; proteção contra espíritos perturbadores; abertura da consciência psíquica.

**Chifre:** sexualidade; vigor; abundância; fertilidade.

**Coração:** amor romântico; amor platônico; saúde; alegria.

**Cornicello**[16]**:** boa sorte e proteção contra o ciúme e a negatividade.

**Cornucópia**[17]**:** abundância; prosperidade; saúde; desejos.

**Coruja:** sabedoria; riqueza; sorte; transformação; mensagens espirituais.

**Dado:** sorte em situações arriscadas; sorte quando as probabilidades estão contra você; sorte no jogo; o lado voltado para cima pode ser escolhido por significado numerológico.

**Dominó:** sorte no jogo e contra todas as probabilidades; o dominó escolhido pode ser selecionado pelo seu significado numerológico.

**Escada:** ascensão espiritual; conexão entre mundos; ancestrais; anjos.

**Escaravelho:** proteção; boa sorte; criação; reencarnação; transformação.

**Espelho:** reflexão; reversão; amor próprio; espírito; consciência psíquica.

---

16. N. do T.: amuleto italiano no formato de um único chifre retorcido.
17. N. do T.: na mitologia greco-romana era representada por um vaso em forma de chifre, com uma abundância de frutas e flores se espalhando dele.

**Faca (Athame):** corte; finalização; pensamento; ideias; comunicação.

**Ferradura:** boa sorte; proteção contra espíritos travessos.

**Fóssil:** vidas passadas; história; registros Akáshicos; ancestrais.

**Fúrcula[18]:** sorte; tornar desejos em realidade; vitória em situações competitivas.

**Incensário:** conexão com o Espírito; limpeza; impregnação.

**Ímã:** atração de todas as coisas boas; química sexual; manifestação.

**Magnetita:** boa sorte; amor; prosperidade; atração.

**Lotus:** fertilidade; maternidade; iluminação; prosperidade; beleza; pureza.

**Mão de Fátima:** boa sorte; felicidade; proteção contra a negatividade e os invejosos.

**Medalhas religiosas:** bênçãos e proteção da divindade ou santo retratado.

**Moeda de Mercúrio:** proteção de dinheiro; sorte no jogo; comunicação.

**Moeda de cabeça de índio:** proteção contra a aplicação da lei.

**Moedas:** prosperidade; se for de outro país pode atrair oportunidades de viagens.

**Nó:** vinculação; selagem; bloqueio; controle; dominação; casamento; união; acordos; contratos.

**Notas de dinheiro:** prosperidade e riqueza de longo prazo.

**Objetos pessoais:** itens que conectam um feitiço a uma pessoa em particular. As conexões pessoais podem ser cabelos, fluidos corporais,

---

18. N. do T.: osso de aves em forma de forquilha.

aparas de unhas, assinaturas, objetos de propriedade da pessoa ou qualquer coisa com o DNA da pessoa nele.

**Olho de Hórus:** saúde; força; proteção.

**Olho Grego:** um amuleto com círculos concêntricos azuis e brancos para proteção contra olhares de ciúme e negatividade vindos de outras pessoas.

**Ossos:** ancestrais; adivinhação; aterramento; força; indestrutibilidade; cura.

**Ouroboros:** infinito; ciclos; unidade; renovação.

**Ovo:** imortalidade; fertilidade; abundância; proteção contra o mau-olhado; limpeza.

**Pão:** vida; saúde; abundância; gratidão; amizade; família; casamento.

**Pé de coelho:** amuleto de boa sorte; contato com o espírito.

**Pedras de Bruxa[19]:** proteção; cura; visões psíquicas.

**Peixe:** água; habilidade psíquica; equilíbrio emocional; amor.

**Pena:** ar; deuses do céu; anjos; liberdade; viagens.

**Pingente de caveira:** pensamentos; ideias; saúde mental; clareza mental; ancestrais.

**Pinha:** fertilidade; prosperidade.

**Ponta de flecha:** movimento; ação; direção; proteção; virilidade; foco; novo amor.

**Prego:** proteção; força; banimento; destruição.

**Prisma:** promessas; proteção; diversidade; imortalidade; reencarnação; alegria; felicidade; prosperidade.

---

19. N. do T.: são pedras com um furo que foi feito pela ação da natureza e, se estiver em sua posse, deve ser considerado algo sagrado.

**Pulseira:** beleza; adorno; riqueza.

**Runa:** cada runa tem uma energia particular que pode ser usada como um talismã.

**Sapo:** abundância; fertilidade; sorte; amor; água.

**Símbolos do Zodíaco:** cada símbolo tem a energia particular daquele signo e pode ser usado como um talismã representando as características do signo ou de uma pessoa com esse signo solar.

**Sino:** clariaudiência; mensagens espirituais; elemento do ar; comunicação.

**Trevo-de-quatro-folhas:** sorte; saúde; riqueza; felicidade; amor.

**Yin e Yang:** dualidade; harmonia; totalidade.

# Apêndice V

# Lista de Símbolos

Esta não é de forma alguma uma lista completa com todas as possibilidades existentes, mas aborda alguns símbolos comuns e seus significados e pode lhe dar uma ideia sobre como interpretar os símbolos mais incomuns que podem aparecer enquanto faz a leitura de velas.

**Águia:** comovente; honra; sucesso.

**Ampulheta:** o tempo é essencial; as decisões devem ser tomadas.

**Âncora:** boa sorte; estabilidade; esperança.

**Anel:** noivado; casamento; promessas; compromissos.

**Anjos:** guias espirituais; boas notícias; proteção.

**Arbusto:** pequena melhoria financeira ou de carreira.

**Arco:** passando para uma nova fase; graduação; níveis superiores.

**Arma:** proteção; agressão.

**Árvores:** crescimento; abundância financeira; estabilidade; sorte inesperada.

**Asas:** mensagens do guia espiritual; anjos da guarda; fuga.

**Aves:** boa sorte; viagens; comunicação.

**Balão:** comemorações; alegria; brincadeira.

**Bandeira:** avisos; preste atenção para evitar problemas; "bandeiras vermelhas".

**Barco:** viagens distantes; superando os altos e baixos da vida.

**Bebê:** gravidez; novos projetos criativos; começos alegres.

**Bolota:** boa sorte; ganho financeiro; início de sucesso; grandes ideias.

**Bolsa:** prosperidade pessoal.

**Borboleta:** beleza; renascimento; transformação; evolução; grandes mudanças positivas.

**Bússola:** viagens de negócios; viagens distantes.

**Cabra:** virilidade; sensualidade; saúde; trabalho árduo produz resultados.

**Cachoeira:** emoções poderosas; prosperidade fluente.

**Cachorro de corrida:** determinação; ação rápida.

**Cadeado:** necessidade de fuga; obstáculos à abertura de portas.

**Cadeia:** sentindo-se preso; fardos.

**Caixão:** finais; transição; quietude.

**Cama:** descanso; sexo; cura; meditação; deixar pra lá.

**Cão:** lealdade; amizade; companheirismo.

**Carro:** riqueza; movimento; parceria; viagens de curta distância.

**Casa:** domesticidade; lar feliz; casa nova.

**Castelo:** fortuna inesperada; estabilidade; riqueza duradoura; proteção.

**Cavalo:** coragem; sucesso; sorte sexual.

**Cerca:** estar "em cima do muro"; barreiras; limitações que devem ser superadas.

**Chaleira:** preste atenção; palavras acaloradas; paixões em alta; visitantes.

**Chapéu:** sucesso na vida; mantendo a informação "debaixo do chapéu".

**Cigarro:** riqueza; sucesso; celebração.

**Cisne:** parcerias; compromisso; amor; casamento.

**Coelho:** fertilidade; boa sorte; necessidade de coragem.

**Cogumelo:** magia das fadas; contato de outro mundo.

**Colar:** admiradores; presentes caros.

**Concha:** consciência psíquica; intuição.

**Coração:** amor; paixão; amizade; família feliz; prazer.

**Coroa:** sucesso; honra; poder; autoridade; conquista.

**Coruja:** sabedoria; estudo; conhecimento; escola; conselhos sábios.

**Cruz:** escolhas; resolver algo; sacrifício.

**Dragão:** proteção; riqueza.

**Elefante:** sorte; boa saúde.

**Escada:** promoção; sucesso social ou profissional.

**Escalas:** processos judiciais; justiça; equilíbrio; equidade.

**Espada:** comunicação positiva ou negativa; clareza.

**Estrela:** intervenção divina; almas gêmeas; esperança; desejos tornados realidade.

**Faca:** separações; cuidado com a comunicação; cirurgia resolve problemas de saúde.

**Face:** guias espirituais; amigos; aliados.

**Ferramenta:** sorte; proteção; viagem segura.

**Foguete:** resultados superam as expectativas.

**Folha:** novos começos; começando uma nova vida.

**Formiga:** produtividade; trabalhar em grupo; fazer as coisas passo a passo.

**Frasco:** celebração; fuga da realidade; vício.

**Gancho:** vício; obsessão.

**Gato:** independência; liberdade; mistério; indefinição.

**Guarda-chuva:** proteção contra dificuldades; reviravoltas de situações ruins; abrigo.

**Iceberg:** congelamento; frio; obstáculos que devem ser evitados.

**Joias:** presentes caros; noivado; luxo.

**Leão:** amigos influentes; pessoas poderosas.

**Linha bifurcada:** estar em uma encruzilhada; escolhas espirituais; decisões.

**Linhas:** movimento; viagem; separação; linhas onduladas significam um caminho longo e sinuoso; linhas retas significam um caminho direto e rápido.

**Livro:** educação; aprendizagem; escola; escrita.

**Lua:** misticismo; sonhos; magia.

**Maçã:** longa vida; sucesso; abundância; amor; compromisso; tentação.

**Machado:** problemas superados; esforço produz resultados.

**Mão:** mão aberta sugere ajuda de outros; fechada revela autossuficiência.

**Martelo:** desafios superados; trabalho árduo produz resultados.

**Máscara:** insegurança.

**Moeda:** dinheiro; abundância; prosperidade.

**Montanha:** poder; obstáculos; amigos nos quais pode confiar.

**Mouse:** proteja os pertences para evitar roubo.

**Navio:** jornada de sucesso.

**Nuvens:** não ver a imagem inteira; confusão.

**Orelha:** escutar; ouvir mensagens importantes; clariaudiência.

**Ossos:** ancestrais; guias espirituais; vidas passadas.

**Ovelha:** prosperidade; sucesso; brandura.

**Ovo:** integridade; novos projetos.

**Peixe:** abundância; boas notícias de outro país; saindo de situações difíceis.

**Pente:** beleza; glamour.

**Pera:** status social; movimento comercial positivo; fertilidade; doçura.

**Pessoas:** amigos; ajudantes, guias espirituais.

**Pingente de gelo:** a comunicação precisa ser descongelada.

**Pinheiro:** prosperidade; longa vida; firmeza.

**Pipa:** ver as coisas do ponto de vista de um pássaro; dar um passo para trás; desejos tornados realidade.

**Pomba:** fé; paz; promessas; parceria; amor.

**Ponte:** viagens; mudança; conexões de longa distância; oportunidades.

**Ponto de interrogação:** enigmas; mistério; questões não resolvidas com base na falta de comunicação.

**Porco:** boa sorte; amante fiel.

**Pote:** amigos generosos; trabalho espiritual.

**Presidente:** convidados da casa.

**Ramalhete:** boa sorte; propostas de casamento; amigos amorosos; sucesso; vida amorosa feliz.

**Raposa:** astúcia; intelecto; soluções vêm de pensar passos à frente.

**Rato:** segredos revelados; falsos amigos.

**Relógio:** o tempo passa; espera; paciência.

**Roda:** herança; mudança na sorte.

**Rosa:** amor verdadeiro; popularidade.

**Serpentes:** transformação; renascimento; imortalidade; cura.

**Serra:** fofoca ociosa; problemas de estranhos; interferência.

**Setas:** foco; alcance de metas; preste atenção.

**Sino:** boas notícias inesperadas; preste atenção; sincronicidades.

**Sol:** fama; atenção positiva; reconhecimento; conquista.

**Tartaruga:** o movimento é lento e constante; longevidade.

**Tesoura:** rompimento; corte e esclarecimento; argumentos.

**Trevo:** muita sorte; felicidade excepcional; aumento da prosperidade.

**Unicórnio:** bênção mística; soluções únicas e incomuns.

**Urna de cinzas:** mensagens de ancestrais; vidas passadas.

**Uvas:** abundância familiar; felicidade.

**Vaca:** prosperidade; paz.

**Vela:** iluminação; magia; orientação.

**Vulcão:** as paixões esquentam; explosões emocionais.

# Índice Remissivo

## A

Abundância  44, 51, 97, 99, 101, 124, 126, 170, 249, 250, 252, 253, 255, 258, 260

Abertura de caminho  152

Alfinete  56, 57, 123, 142, 145, 146

Aliados mágicos  77, 78

Almas gêmeas  45, 257

Alquimia  129

Altar  3, 15, 16, 29, 30, 42, 49, 52, 54, 119, 120, 126, 132, 151, 205, 207, 208, 209, 211, 212, 218, 222, 227, 249

Amor  9, 10, 12, 21, 27, 39, 43, 44, 45, 46, 52, 55, 57, 66, 67, 78, 79, 80, 83, 85, 86, 89, 93, 96, 99, 101, 103, 105, 124, 125, 126, 127, 129, 130, 133, 134, 135, 136, 137, 140, 144, 155, 162, 166, 168, 173, 174, 175, 182, 193, 199, 205, 208, 216, 219, 243, 250, 251, 252, 253, 256, 257, 258, 259

Amuletos  53, 54

Animais espirituais  208, 124, 125, 127

Ankh  124, 249

Arco-íris  46, 138

Astrologia  98

Aterramento  44, 85, 212, 252

## B

Banho de limpeza  132, 201, 205, 212, 227

Banimento  44, 100, 103, 125, 153, 158, 252

Baphomet  124

Base de cera de abelha  106, 107

Baú de tesouro  124

Bênção  12, 42, 45, 46, 96, 100, 124, 129, 132, 154, 166, 167, 168, 169, 260

Black Hawk  126

Bloqueios  45, 97, 101, 103, 134, 158, 184, 187, 188, 189, 191, 204, 205, 250, 251

Boa sorte  45, 53, 54, 127, 129, 137, 165, 250, 251, 252, 255, 256, 259

Bola de Bruxa  249

Bruxa  11, 12, 56, 58, 71, 93, 98, 101, 120, 124, 125, 185, 249, 252

## C

Caldeirão  111, 125, 131, 250

Candelabro  36, 49,

Capnomancia  48, 181, 203, 227

Caveira  42, 125, 189, 252

Carregar uma vela  28, 81, 90, 121, 211

| 261 |

Castiçal 33, 37-38, 49, 53, 58-59, 69, 73, 82, 84, 94, 118, 121, 149, 188, 216

Cera 19, 32, 36, 38-39, 40-43, 48-50, 52, 54-59, 73, 82, 85, 88-89, 91, 94-95, 97, 106-117, 121, 142, 144-145, 163, 165, 167, 169, 173-174, 177, 179, 181-187, 191-192, 195, 197, 199, 201, 204, 208, 216-219, 227,

Cera de abelha 32, 38, 39, 40, 89, 106-109, 111-116, 145, 218

Cera de palma 40

Cera de soja 40

Cera de gel 40

Ceromancia 181, 191, 227

Chacra 46, 138, 155

Chama cintilante 200

Chama falante 199

Chama colorida 201

Chama dupla 197, 200

Chama gêmea 200

Conchas 53, 54, 79, 208, 209, 224, 225, 243

Cristal 11, 12, 53, 54, 55, 170, 172, 205, 208, 212, 239, 242

Conexão divina 45, 158

Consagração 45, 49

Cura 43, 44, 45, 46, 85, 99, 100, 126, 129, 137, 155, 252, 256, 259

Cura emocional 45, 155

# D

Descruzamento 44, 126, 216, 234

Dias da semana 100, 176, 179

Deusa de Willendorf 126, 157

Divindade 24, 42, 61, 119, 124-129, 135, 186, 193, 208, 211-212, 251

Dominação 44, 251

# E

Empatia 44, 99, 126,

Encantamento 21, 24, 44, 54-55, 62, 137

Encruzilhada 153, 178, 217, 218, 231

Energia 9, 12, 19, 20, 27-28, 30-33, 37-38, 41, 45-46, 48, 53-54, 56-57, 65-66, 77-79, 81, 83, 85-86, 89-91, 93-96, 98, 100-103, 105, 120-121, 129-130, 131, 133, 136, 139, 144, 146, 156, 158-160, 162, 165-167, 169, 171, 173-174, 177, 186, 189, 194, 196, 200-202, 208-209, 212-213, 216-218, 220, 222-243, 250, 253

Energia positiva 19, 31, 32

Energia negativa 166, 177

Entre mundos 44, 250

Equilíbrio 44, 86, 99, 137, 252, 257

Espelho 88, 166, 167, 168, 169, 250

Espíritos 11, 24, 44, 45, 75, 85, 124, 126, 127, 128, 131, 153, 159, 186, 188, 194, 208, 211, 212, 218, 235, 237, 241, 246, 247, 249, 250

Espíritos malígnos 126, 127, 249

Espiritual 25, 27, 29, 35, 44-45, 51-52, 78-80, 82, 84-85, 99-101, 105-107, 115-121, 124-127, 129-132, 137, 144-145, 147149, 152-153, 155-160, 162, 170-171, 175-176, 178-179, 181-183, 186, 194-195, 198-199, 201-205, 209-210, 220, 231, 234, 237, 240, 242-243, 245, 247, 250, 255, 259

# F

Faca 57, 88, 89, 90, 91, 109, 111, 163, 168, 251, 257

Fadas 44, 257

Fases lunares 97, 98, 140

Feitiço de vela 23, 24, 25, 28, 30, 32, 33,

Índice Remissivo | 263

34, 42, 44, 61, 69, 82, 84, 90, 94, 95, 96, 97, 113, 130, 131, 134, 145, 152, 161, 162, 166, 167, 182, 189, 198, 207, 210, 219, 222, 226, 229, 230

Feitiço falado 61, 70, 71

Flecha 152, 252

Fluxo de cera 184, 185, 191

Fuligem 48, 55, 106, 116, 182, 192, 193, 199, 204, 205

## G

Gênio 127

Geometria sagrada 156

Glitter 55, 88, 116, 117, 118, 144, 146, 148, 162, 183

Goiva Goivas s 88

Grimório 17, 80, 221

Guias espirituais 181, 183, 186, 188, 199, 200, 202, 205, 213, 219, 255, 257

## H

Habilidade psíquica 45, 101, 137, 234, 240, 245, 252

Hedonismo 126, 128

Hexágono 156

Hierarquia 152, 159

Hieróglifos 73

Horas do dia, trabalhando com 102

Horas planetárias, trabalhando com 102

## I

Imortalidade 124, 128, 234, 252, 259

Inscrever 56, 57, 85, 86, 88, 100, 162, 166, 167, 168, 169

Inspiração 10, 44-45, 66, 67, 100, 160, 202

Invocar, invocação 45, 51, 75, 97, 119, 126, 129, 136, 157, 158, 216

Intenção 19, 20, 24-25, 28, 30-33, 38, 40, 42-43, 45, 51-54, 57, 61-64, 66, 67-71, 73, 75, 78-79, 82, 84-85, 89, 93-94, 96, 102, 105, 108, 111-112, 114, 116-118, 120, 129-132, 134, 137, 139, 144-145, 148-149, 151, 153-154, 162, 170, 173-175, 179, 196, 199, 201, 204-205, 211-212, 223-224, 243

Intuição 44-45, 99-100, 103, 137, 202, 257

## J

Jogos de azar 101, 103

Jornada 9, 36, 120, 158

Judaísmo 129, 159

Júpiter 100-101, 103

Justiça 44-45, 85, 99, 101, 103, 126, 137, 257

## L

Lamparinas a óleo 170

Layout de vela 16, 73, 130, 134, 135, 151, 156, 160, 161, 185

Leitura da vela 181

Leitura de cera 17, 181, 183

Leitura de chama 181

Leitura de fumaça 17, 181, 203

Lemniscata 156

Libertação do mal 44

Limpeza 25, 45, 101, 125, 132, 166, 168, 186, 189, 198, 201, 204-205, 208, 212, 217, 227, 234, 240, 245, 251-252,

Lua 10, 41, 44, 97-98, 100, 103, 111, 113, 140, 222, 258

# M

Magnetita 251

Manifestação 19, 26, 27, 64, 78, 85, 137, 139, 154, 156, 157, 158, 159, 219, 220, 227, 251

Mão de Fátima 251

Marte 100, 103

Mason Jar 170, 171

Mau-olhado 44, 155, 252

Meditação 28, 30, 44, 120, 128, 158, 203, 205, 211, 256

Mercúrio 100, 101, 103, 251

# N

Nefertiti 128

Negatividade 41-42, 45-46, 64, 88, 97, 124, 148, 165-169, 177, 204, 217-218, 250-252

Negócios 44, 99, 101, 103, 156, 189, 210, 236, 242, 247, 256

Numerologia 16, 136

# O

Octógono 157

Óleo essencial 38, 40, 51, 52, 77, 78, 79, 80, 81, 168, 231

Olho de Hórus 252

Olho Grego 252

# P

Pacificação 44, 126

Palavras faladas 85, 225

Papel de petição 53, 61, 63-64, 66-67, 69, 73, 85, 116, 118, 121, 170, 175-176, 178-179, 198, 212, 217, 222-223, 225

Parafina 38-40, 106, 109, 114, 115, 116,

Pavio 19, 36, 48, 50-51, 55-58, 81, 86, 88, 106-114, 116, 130, 139, 144-145, 148-149, 162, 166-169, 171-173, 176-177, 179, 184, 189, 191, 193-200, 203, 215, 227, 229

Pedra de Bruxa 252

Pedras preciosas 40-41, 79, 131-132, 171, 185, 198

Pentágono 157

Pentagrama 20, 159

Petição 15, 53, 61, 63-70, 73, 78, 85, 90-91, 95, 115-118, 121, 131, 135, 145, 148-149, 170-171, 175-176, 178-179, 188, 198, 201, 212, 217, 222-223, 225

Pilares de cera 187

Pirâmide 90, 128

Piromancia 181, 227

Pôr do sol 101-102

Positividade 9, 31

Pote de mel 91, 173-178, 198, 217

Pote de vinagre 177-179

Processos judiciais 44, 257

Prosperidade 42, 44-46, 51, 66-67, 85, 96-97, 99, 101, 103, 124-125, 134-135, 137-138, 148, 166, 168, 170, 186, 202, 208, 212-213, 216, 219, 221-222, 250-252, 256, 258-260

Proteção 44, 52, 66, 80, 85, 119, 124-127, 129, 135, 153, 155-156, 158-159, 183, 189, 243, 245, 249-252, 255-257

# Q

Quatro direções 153

Quatro elementos 24, 153, 158-159

Quebra de padrões 44

# R

Reconciliação 16, 42, 44, 46, 95, 148, 155, 159, 174, 200, 205

Registros Akáshicos 251

Remover bloqueios 45, 205

Rima 70-71, 225

Ritual 23-25, 33, 51, 82, 85, 119, 124, 164, 166, 210-213, 218, 223, 227

Riqueza 44, 101, 103, 125, 127-128, 160, 250-251, 253, 256-257

Runas 73, 253

# S

Sabedoria 23, 44-45, 125-126, 137, 154, 158-159, 171, 250, 258

Santa Muerte 129

Saturno 100, 101, 103

Selos 15, 73, 74, 75

Sentido anti-horário 69, 116, 158

Sentido horário 69, 116, 158

Sigilos 15, 24, 57, 73, 74, 75, 88, 116, 117, 225

Sígnos 98, 99, 100, 135, 140, 224, 253

Aquário 99, 136

Áries 99, 100

Câncer 99, 100, 136

Capricórnio 99, 100, 136

Escorpião 99, 136

Gêmeos 99, 136

Leão 99, 100, 136, 258

Libra 99, 100, 136, 222

Peixes 99, 100, 136

Sagitário 99, 136

Touro 99, 100, 136, 140

Virgem 99, 100, 129, 136

Símbolos 15, 17, 20, 46, 57, 67-68, 73-74, 85, 88-89, 100, 116-117, 119, 124-125, 127, 129, 136, 152, 156, 158-159, 183-184, 192, 203, 218-219, 225, 227, 231, 249, 253, 255

Sincronicidades 27, 202, 219, 259

Sino 49-50, 209, 253

Sinos de anjo 49

Sol 100, 103, 129, 259

Sorte 10, 42, 44-46, 53-54, 61, 99, 124, 127, 129, 130, 133, 137, 139, 141, 144, 153, 158, 164-165, 212, 249-253, 255-257, 259-260

# T

Talismã 24, 27, 41, 53, 54, 73, 75, 160, 170, 171, 185, 208, 209, 212, 218, 224, 225, 249, 250, 253

Tunelamento 189, 195

Tutancâmon 129

# V

Vela de sete dias 39, 119, 129, 138, 144

Vela em movimento 16, 161-162, 226

Vela enrolada 16, 106-107, 111, 115

Vela mestra 16, 37, 134-135

Velas de sino 36, 49

Velas de suporte 16, 20, 37, 130, 134-135, 151, 213

Velas mergulhadas 108, 111

Vênus 99-101, 103, 126

Vênus de Willendorf 126

Vestir, a vela 37, 39-41, 43, 52, 77, 81-83, 94, 115, 117, 139, 188, 204

Virgem de Guadalupe 129

Vitalidade 45, 46, 100, 103, 128

Vitória 44, 49, 99, 100, 103, 251

Conheça outros livros da Editora Nova Senda

## Conheça outros livros da Editora Nova Senda

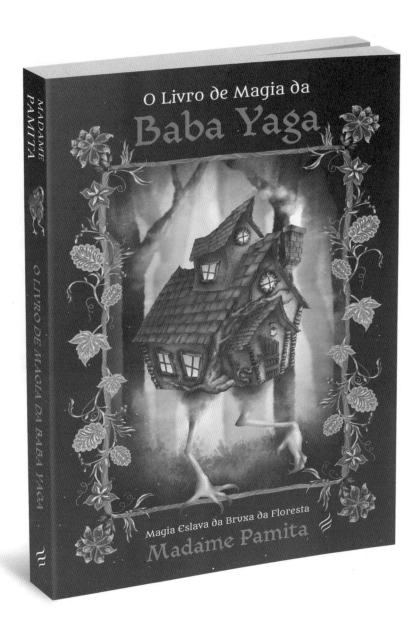

## Conheça outros livros da Editora Nova Senda

## Conheça outros livros da Editora Nova Senda

Conheça outros livros da Editora Nova Senda

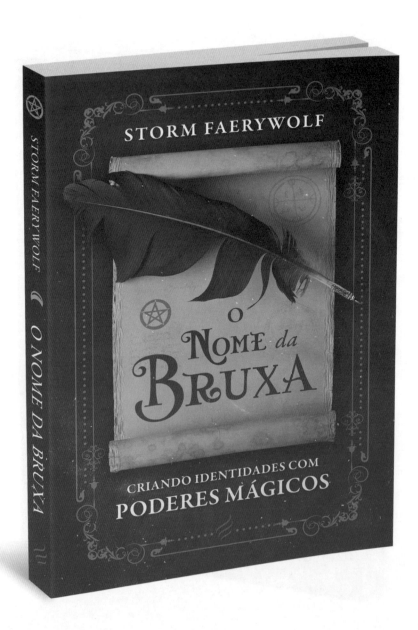

## Conheça outros livros da Editora Nova Senda

## Conheça outros livros da Editora Nova Senda

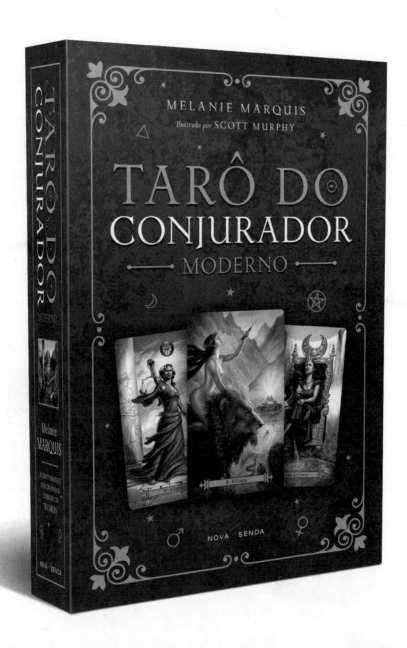